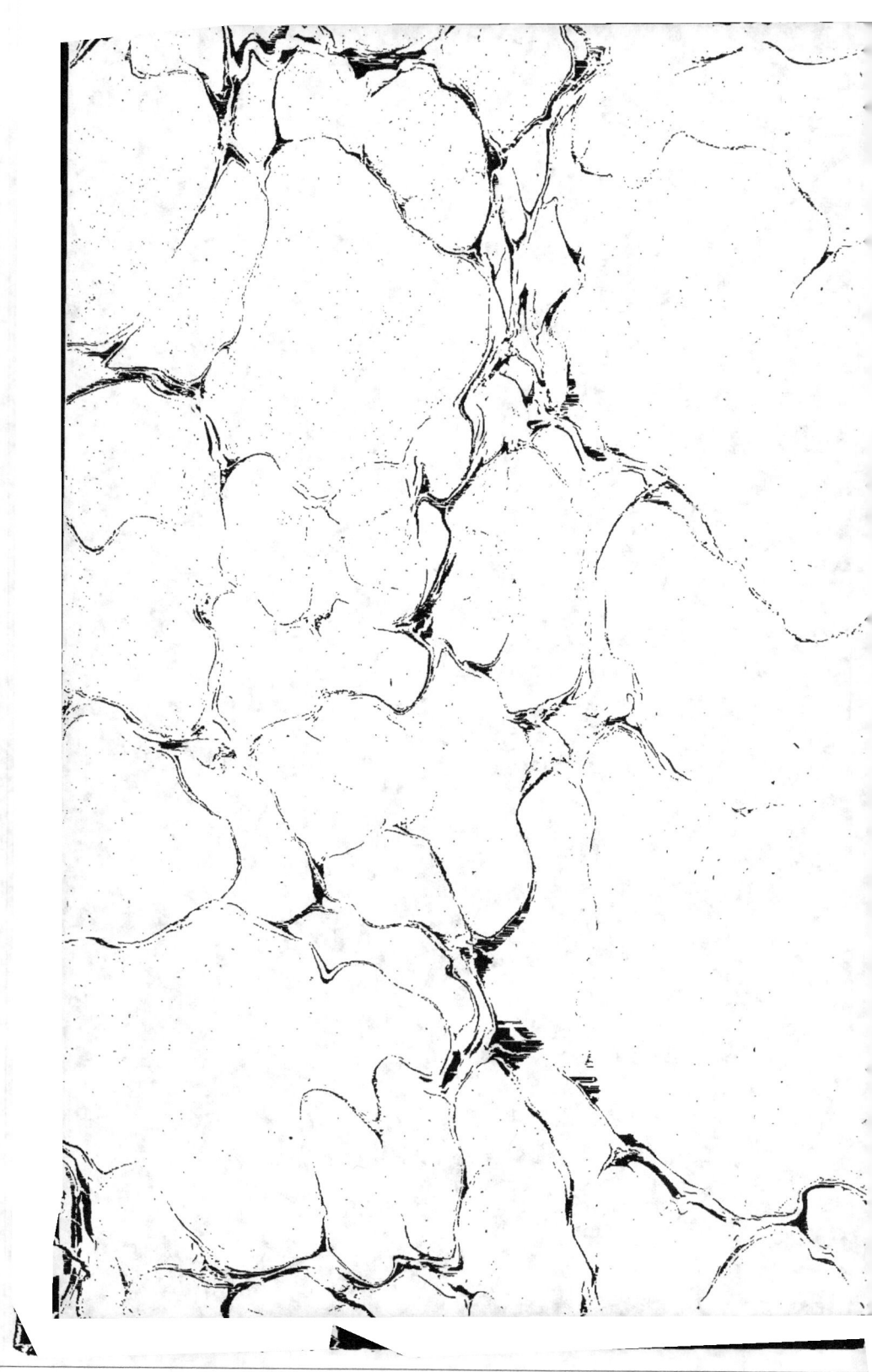

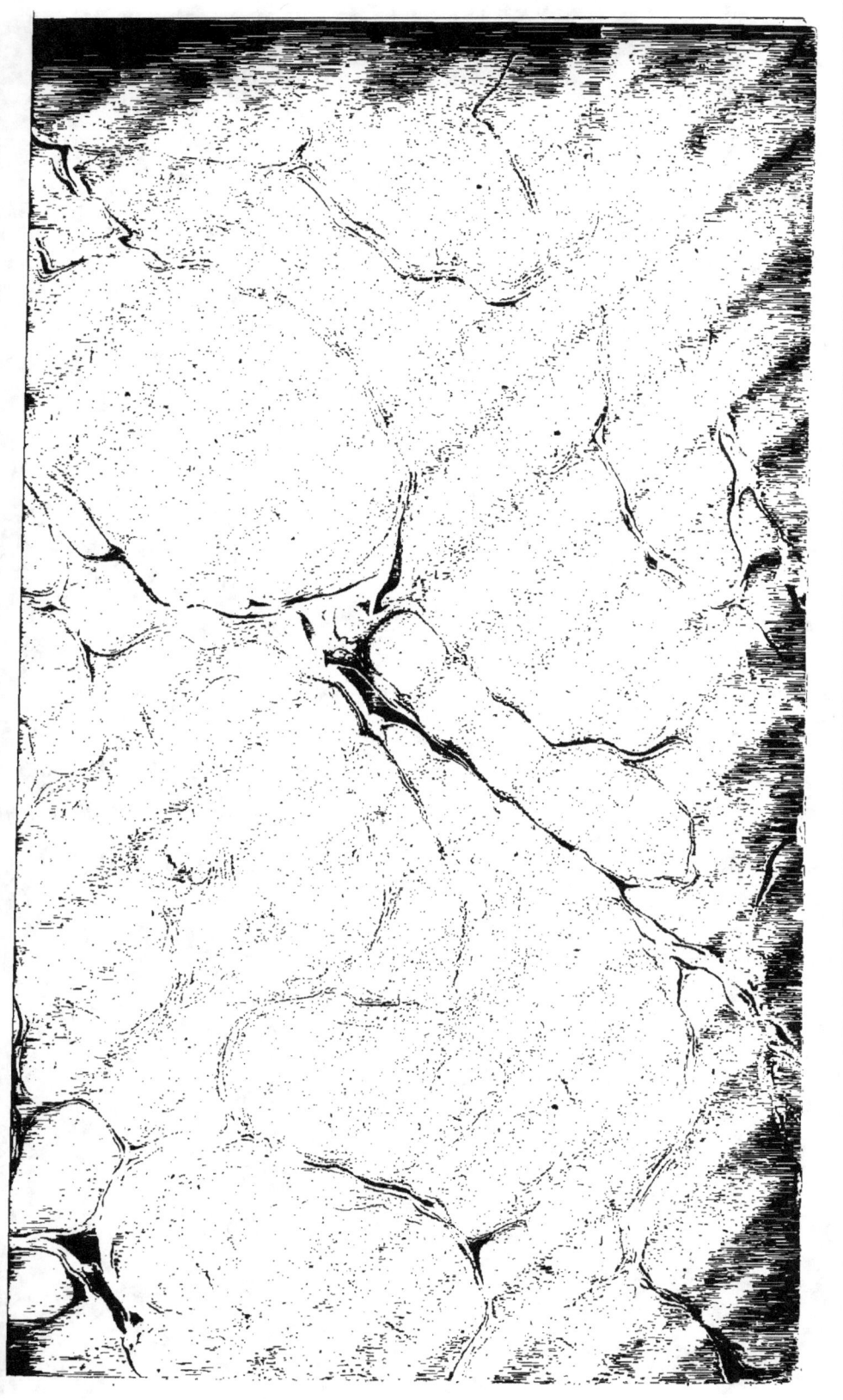

Les Arts de l'Ameublement

L'ORFÈVRERIE

PARIS
LIBRAIRIE CH. DELAGRAVE

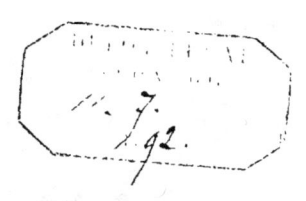

L'ORFÈVRERIE

L'ORFÈVRERIE

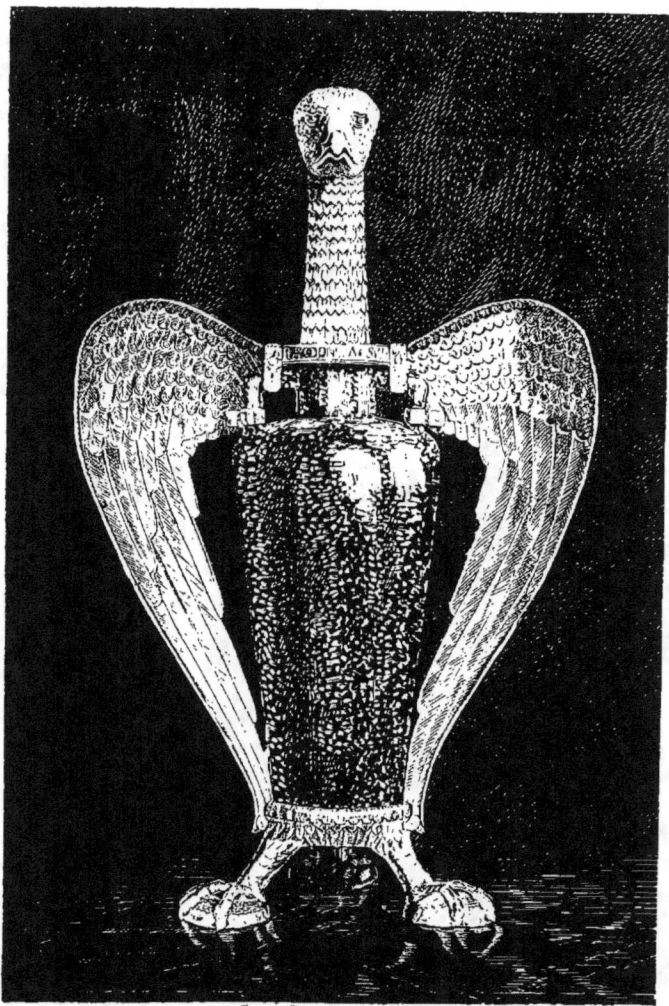

Fig. 1. — Vase en porphyre monté en vermeil, orfèvrerie du XIIᵉ siècle
(GALERIE D'APOLLON.)

LES ARTS DE L'AMEUBLEMENT

L'ORFÈVRERIE

PAR

HENRY HAVARD

Inspecteur des Beaux-Arts
Membre du Conseil supérieur

Cent vingt Illustrations par M. GOUIN

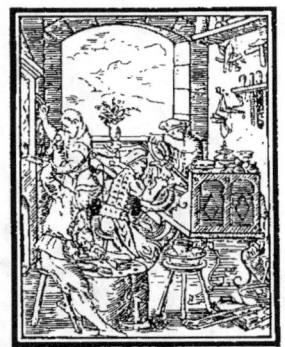

PARIS

LIBRAIRIE CHARLES DELAGRAVE

15, RUE SOUFFLOT, 15

Tous droits réservés.

Il a été imprimé 100 exemplaires de cet ouvrage sur japon des manufactures impériales, numérotés et signés.

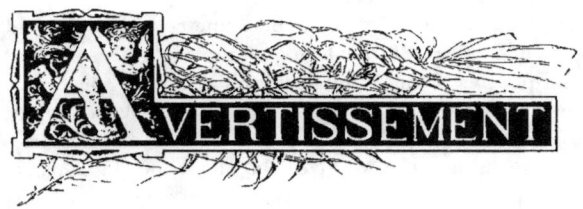

Avertissement

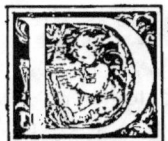Epuis une trentaine d'années, une heureuse révolution s'est opérée dans le goût, et non seulement en France, mais encore à l'étranger, tout ce qui se rapporte directement ou indirectement à l'ameublement a pris une importance inattendue dans les préoccupations des gens du monde aussi bien que des artistes. Ces mille et un objets, compagnons fidèles de tous nos instants, trop longtemps dédaignés, injustement méconnus, ont reconquis dans l'estime générale la place à laquelle ils avaient droit. On commence même à s'apercevoir que les *arts de l'ameublement* ne sont point aussi inférieurs qu'on veut bien le prétendre à ce qu'on nomme communément les beaux-arts. En tout cas, les satisfactions qu'ils procurent à ceux qui savent les apprécier, les problèmes variés qu'ils soulèvent, les beautés spéciales qu'ils présentent, justifient amplement l'intérêt qu'on leur témoigne.

Une autre raison doit encore nous faire souhaiter de voir leur étude se généraliser en France. Le soin de conserver notre suprématie artistique quelque peu menacée nous impose le devoir de familiariser nos jeunes gens avec les innombrables applications de procédés toujours ingénieux, souvent très savants, qu'exige l'exercice de ces différentes professions. Il importe, en effet, à tous ceux qui se destinent à la pratique des *arts industriels* d'apprendre de bonne heure que chacun d'eux possède son esthétique particulière et que, suivant les matières qu'il met en œuvre, il se trouve soumis à des lois spéciales qu'il ne lui est pas permis d'enfreindre, à des règles étroites qu'il lui est interdit de transgresser.

Chaque matière, en effet, comporte une contexture, une ductilité, une densité qui lui sont en quelque sorte personnelles et dont les qualités mêmes imposent à l'artiste la nécessité de recourir à un traitement spécial. Il est clair, par exemple, que les fibres souples et tenaces du bois ne sauraient être taillées comme le grain sec et cassant de la pierre ou du marbre, et les façons qui conviennent à la pierre, au marbre ou au bois ne sauraient convenir à l'argile qui, flexible et malléable, se modèle à la main, ou aux métaux qui se fondent ou se martèlent.

Parmi ces derniers, le degré de dureté, la fusibilité plus ou moins grande, aussi bien que la valeur intrinsèque, forcent l'artiste à employer pour chacun d'eux des procédés différents. Il n'y a que des rapports très lointains entre la mise en œuvre du fer qui se forge par grandes masses et celle de l'or qu'on fond et cisèle par petits lingots. Or ces traitements si divers ne sont point inutiles à approfondir. C'est faute d'avoir appris à les connaître que les gens du monde exigent si souvent d'industriels trop empressés à leur plaire, qu'ils donnent à certaines matières des formes qui seraient mieux appropriées à des objets de nature très différente. C'est à cette même ignorance qu'il faut attribuer le manque d'originalité, de convenance, de la plupart des modèles qui, dessinés par des artistes cependant fort habiles, pourraient s'appliquer aussi bien à la céramique qu'à la métallurgie.

Un vase, quelle que soit sa destination, doit revêtir une forme particulière suivant qu'il est en or, en argent, en bronze, en porcelaine, en faïence, en marbre ou en bois, et cette forme doit être assez caractéristique pour qu'à première vue, et par la seule contemplation de son galbe, on puisse découvrir de quelle matière il est fabriqué.

C'est pour remédier à ce manque de connaissances, si fâcheux à tous égards, que nous avons entrepris de publier cette petite bibliothèque des *Arts de l'ameublement*. Nous avons pensé rendre aux amateurs de beaux meubles et aux gens du monde un **véritable service**, en leur permettant de se pénétrer des dif-

AVERTISSEMENT

ficultés pratiques et des exigences que présente la mise en œuvre des divers matériaux plus particulièrement employés dans chacun de ces différents arts, et du genre de beauté auquel ils peuvent prétendre. Nous sommes, en outre, convaincu que les professeurs et les élèves de nos *écoles d'art décoratif* nous sauront gré d'avoir précisé à leur intention les conditions de construction, d'équilibre, de statique, auxquelles doivent se conformer les principaux ouvrages du mobilier, pour répondre aux règles de convenance, d'élégance et de solidité indispensables.

Ayant à résoudre un problème particulièrement délicat, nous nous sommes adressé à un écrivain dont la compétence en ces matières est universellement reconnue. M. Henry Havard a bien voulu se charger non seulement d'écrire spécialement pour nous la suite de monographies dont nous commençons aujourd'hui la publication, mais encore d'en diriger et d'en surveiller l'illustration, de façon que texte et dessins forment un tout d'une homogénéité parfaite.

Nous n'avons pas besoin de présenter M. Henry Havard à nos lecteurs. Les hautes fonctions qu'il occupe au ministère de l'instruction publique et des beaux-arts, l'incontestable autorité qu'il a su acquérir comme critique d'art, la part considérable qu'il a prise à l'organisation des Expositions universelles d'Amsterdam en 1883 et de Paris en 1889, la faveur exceptionnelle que le public a toujours témoignée à ses ouvrages, ont fait assez connaître l'historien de l'*Art hollandais*, l'auteur de l'*Art dans la maison* et du *Dictionnaire de l'ameublement*, pour que toute présentation soit au moins inutile. Ce dont nous pouvons assurer nos lecteurs, par contre, c'est que M. Henry Havard a apporté dans la rédaction de ces petits volumes non seulement le même soin, la même conscience que dans ces magnifiques et coûteux ouvrages qui ont fait sa réputation, mais aussi ce style simple, élégant, précis, et surtout cette clarté d'exposition qui donnent à ses écrits une si grande valeur didactique.

Nous n'avons, d'autre part, rien négligé pour que ces petits livres, malgré leur prix infime, constituent à leur tour de véritables œuvres d'art. L'illustration, confiée à des artistes éprouvés, a été exécutée avec une attention exceptionnelle, et nos gravures, relativement très nombreuses, — plus de cent par volume, — peuvent lutter comme finesse et comme beauté avec celles des publications de grand luxe. Le caractère, entièrement neuf, a été, après de nombreux essais, choisi par l'auteur lui-même, à cause de ses qualités de netteté et de lisibilité ; enfin le papier, d'une pureté absolue, exempt de *charge*, et la reliure souple qui les enveloppe, achèvent de faire de ces jolis volumes de véritables petits modèles de typographie.

Faut-il ajouter que si nous leur avons donné ces qualités d'élégance et de recherche, c'est que nous avons voulu que leur possession pût être souhaitée par tous les jeunes gens comme une récompense ? La petite bibliothèque des *Arts de l'ameublement* a, en effet, sa place marquée dans toutes les mains. Sa lecture comporte la meilleure des « leçons de choses » qu'on puisse désirer ; car les curieuses questions qu'elle apprend à résoudre sont de chaque jour, et leur solution, tout en formant notre goût, nous enseigne mille faits généraux qu'il est indispensable de connaître.

Charles DELAGRAVE.

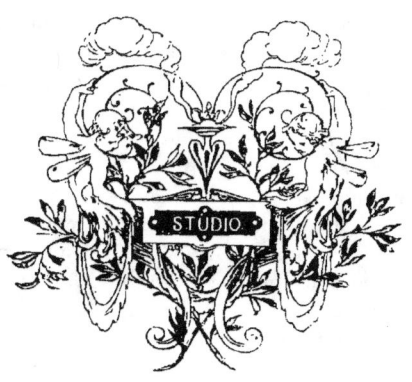

L'ORFÈVRERIE

PREMIÈRE PARTIE

FABRICATION

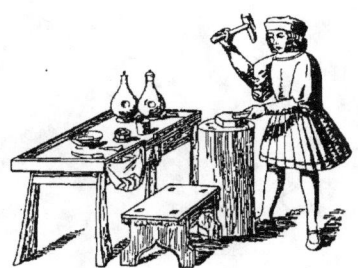

Fig. 3. — Orfèvre du xv° siècle, forgeant sur le tas, d'après le ms. 5066 de la bibliothèque de l'Arsenal.

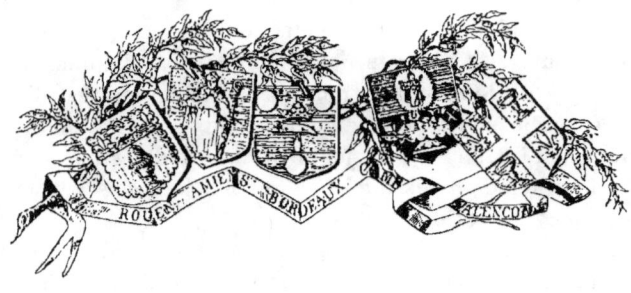

I

DÉFINITION DE L'ORFÈVRERIE. — L'OR ET SON EMPLOI.

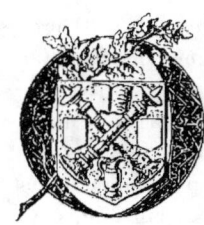 RFÈVRE est formé « des mots *or* et *fèvre,* ancien mot françois imité du latin : *auri faber,* artisan en or ». Il sert à désigner « celui qui vend ou fabrique de la vaisselle ou des ouvrages et bijoux d'or et d'argent ». Cette définition, empruntée au vénérable *Dictionnaire de Trévoux,* n'a pas cessé d'être exacte. Sous le nom d'orfèvrerie on embrasse, d'une façon générale, la mise en œuvre des métaux précieux, et la fabrication ainsi que la vente des objets mobiliers exécutés en argent ou en or.

De tous les métaux connus, l'or est le plus recherché, et la préférence qu'on lui accorde se justifie par des qualités tout à fait exceptionnelles. Sa densité, qui est de 19,26 lorsqu'il est fondu et qui atteint 19,36 lorsqu'il a été forgé, ne le cède qu'à celle du platine. Sa ductilité et sa malléabilité surpassent celles de tous les autres métaux. Les livres spéciaux nous apprennent qu'il est possible de le réduire en feuilles assez minces pour que mille d'entre elles ne présentent pas plus d'un millimètre d'épaisseur, et qu'un gramme suffirait au besoin pour habiller un fil de plusieurs kilomètres de longueur. Enfin, sa couleur, qui est d'un jaune superbe, son éclat particulièrement agréable à l'œil, et surtout son inaltérabilité[1], justifient la grande estime dans laquelle le tenaient les anciens, qui n'hésitèrent pas à le proclamer « le roi des métaux ».

La seule critique qu'on lui puisse adresser, concerne sa résistance. Celle-ci laisse quelque peu à désirer ; mais on remédie à cet inconvénient en l'alliant au cuivre, métal à la fois plus fusible et plus dur. Trois alliages sont actuellement en usage dans l'orfèvrerie :

Le 1er titre, formé de 920 parties d'or et de 80 de cuivre.
Le 2e — — 840 — — 160 —
Le 3e — — 750 — — 250 —

Suivant l'emploi auquel on les destine, ces trois alliages, comme dureté et comme résistance, donnent des résultats satisfaisants.

Fait curieux, ce métal si recherché et si rare est un de ceux qui se trouvent le plus régulièrement répartis sur presque toute la surface du globe. L'ancien monde s'en est approvisionné non seulement en Afrique et en Asie, mais aussi en Europe. On a pu relever, en France notamment, la trace de gisements aurifères relativement nombreux, qui furent exploités à une époque très lointaine. Le sol de l'Espagne et de l'Italie renferme des mines d'or épuisées aujourd'hui. On en rencontre également dans le pays de Galles. La production des mines de l'Oural, quoique leur exploitation dure depuis deux siècles, n'a pas sensiblement diminué. Mais tout ce qu'on a extrait de ces diverses con-

---

1. Il est non seulement inaltérable à l'air et au contact de l'eau, mais il résiste à la plupart des acides : il n'est attaqué que par l'acide sélénique, et par l'acide nitromuriatique, qui, à cause de cette propriété, a reçu le nom d'*eau régale*.

trées n'approche pas de la quantité fournie par le nouveau monde.

Au xvie siècle, les Espagnols, en s'emparant du Mexique, du Chili et du Pérou, mirent la main à la fois sur les *placers* précédemment explorés par les Incas, et sur les masses de métal que ceux-ci en avaient tirées depuis un nombre respectable de siècles. Ils se livrèrent à un véritable drainage de l'or sous toutes ses formes, et lui firent prendre le chemin de l'Europe. Au siècle suivant, la découverte des célèbres mines de Pasco (1630) développa encore cette exportation. Des milliards sortirent des flancs du Pérou, qui, pendant longtemps, suffit à lui seul à approvisionner le vieux monde. Enfin il appartenait à notre siècle de voir se constituer de nouvelles exploitations aurifères. En 1848, un hasard révéla la présence de paillettes d'or dans le Sacramento, et depuis lors, sur le littoral du Pacifique, six États appartenant à la République des États-Unis ont fourni jusqu'à cinq cents millions d'or et d'argent par an. Plus récemment encore, l'Australie, la Nouvelle-Zélande, la Colombie anglaise, en ont, à leur tour, expédié des quantités considérables en Europe, et cependant, malgré cette incessante importation, ce métal n'a pas cessé d'être relativement rare et extrêmement recherché.

Fait plus curieux peut-être : avant que la découverte de l'Amérique eût décuplé la masse d'or en circulation ; à une époque, par conséquent, où ce précieux métal était infiniment moins abondant et singulièrement plus difficile à se procurer que de nos jours, on l'employait à une foule d'usages pour lesquels il paraît aujourd'hui trop coûteux. Pendant tout le moyen âge, les princes et les rois mangèrent et burent dans de la vaisselle d'or. Un ancien *Inventaire* royal nous apprend que le « roy Dagoubert », dont le trône forgé par saint Éloi était d'or, faisait journellement usage d'une « grosse coupe d'or toute plaine », c'est-à-dire tout unie, qui pesait quatre marcs, soit près d'un kilogramme. Saint Louis, Philippe le Bel, Louis le Hutin, Philippe le Long, Charles le Bel, étaient également servis dans de la vaisselle d'or. L'*Inventaire du duc Louis I*er *d'Anjou,* dressé en 1360 [1], se termine par la constatation que l'orfèvre du prince avait en garde 1,308 marcs d'or « au marc de Troyes [2] ». En faisant le relevé des objets de toutes sortes en or décrits dans l'*Inventaire de Charles V* (1380), M. Charles Labarte est arrivé au total de 3,879 marcs [3]. Si l'on prend pour base d'estimation le prix actuel de l'or, qui est de 860 fr. le marc, on constate que la vaisselle d'or du duc Louis Ier d'Anjou vaudrait 1,124,880 fr., et celle de son frère, le roi Charles V, 3,336,140 fr. En tenant compte du pouvoir de l'argent, à cette époque dix fois plus considérable que celui qu'on lui attribue aujourd'hui, on aura un aperçu de ce que pouvait représenter une pareille orfèvrerie. On chercherait vainement dans les temps modernes l'exemple d'une semblable prodigalité.

Ajoutons qu'à ce moment ce n'était pas seulement les rois et les princes de la famille royale qui mangeaient et buvaient dans de la vaisselle d'or. Tous les seigneurs riches et puissants se donnaient ce luxe, et même dans leurs déplacements se faisaient suivre d'une profusion de ces beaux vases en métal précieux. Froissart, parlant du voyage qu'accomplit en terre sainte le comte de Douglas, pour porter au saint sépulcre le cœur du roi Robert d'Écosse, nous apprend [4] que ce gentilhomme convoyait avec lui « toute vaisselle d'or et d'argent, potz, escuelles, hanaps, bouteilles, barils et aultres si faictes choses ». Ailleurs [5], notre chroniqueur raconte l'indignation que ressentirent le

---

1. Publié par M. Léon de Laborde.
2. Le marc de Troyes équivalait à 260g,05 de nos poids actuels, alors que le marc ordinaire ne représentait que 244g,75.
3. *Inventaire de Charles V*, Introduction.
4. *Chroniques*, tome Ier, p. 117
5. *Ibid.*, tome VII, p. 171.

comte de Flandre et le duc de Bretagne en apprenant qu'un modeste seigneur comme Pierre de Bournesel, envoyé de Charles V en Écosse, était « estoffé de vaisselle d'or et d'argent, courant par la salle, aussi largement que si fut un petit duc ». Enfin, pour ne pas multiplier ces citations, nous nous bornerons à rappeler que l'auteur des *Mémoires du maréchal de Boucicault* indique comme une marque de l'étonnante modestie de son héros, qu'à son dîner, toujours « brief et en public », il n'était, malgré son rang, « servy en argent ny or ».

Ainsi que nous venons de le dire, par une singulière contradiction, c'est à partir de la découverte de l'Amérique et de l'importation constante et régulière en Europe de quantités d'or considérables, que l'emploi de ce métal commença de se faire de plus en plus rare. Au xvie siècle, les princes de la dynastie des Valois, au lieu d'une profusion de vases de toutes sortes et de tout volume, comme ceux que montraient leurs prédécesseurs, n'eurent plus en or que quelques pièces destinées à leur usage personnel. Au siècle suivant, Louis XIV, en ses plus beaux jours, fut le dernier de nos rois qui possédât un service de table en or. Encore la vaisselle de ce prince magnifique n'aurait-elle pu supporter aucune comparaison avec celle de Charles V. On sait qu'en 1689 et 1709 toute l'orfèvrerie royale prit le chemin de la Monnaie. A partir de cette époque, l'or disparut des tables françaises, et même de celle du roi. Louis XV essaya bien de se reconstituer un certain nombre d'assiettes avec les jetons que la Ville de Paris lui offrait chaque année pour ses étrennes[1]; mais en 1759 il lui fallut, à son tour, envoyer sa vaisselle à la refonte, et depuis lors, à l'exception de quelques objets de petites dimensions, cuillers, sucriers, etc., les orfèvres cessèrent à peu près complètement d'employer pour leurs ouvrages le « roi des métaux ». Celui-ci,

---

1. Voir Barbier, *Journal*, tome VI, p. 64.

accaparé par les bijoutiers et les joailliers, ne fut plus guère utilisé que pour la parure, et pour la confection des boîtes, des tabatières, des drageoirs de poche, des petits nécessaires, en un mot de menus objets qui relèvent moins du mobilier que du costume.

Aussi le peu d'emploi qu'on fait de l'or dans l'orfèvrerie courante, joint à ce fait que son traitement et sa mise en œuvre ne diffèrent pas essentiellement de ceux de l'argent, nous servira-t-il d'excuse pour ne pas entrer actuellement dans de plus longues explications. Nous aurons, au surplus, au cours de cette étude, maintes occasions de reparler de ce métal, et nous ne manquerons pas de le faire chaque fois que cela nous paraîtra de quelque utilité ou de quelque intérêt.

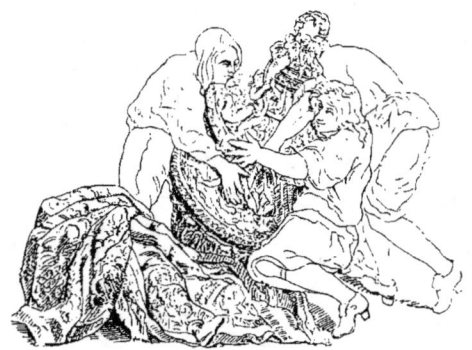

Fig. 6. — Les orfèvres des Gobelins présentant un vase d'or, d'après une tapisserie du XVIIe siècle.

II

L'ARGENT. — ALLIAGES DIVERS. — ALOI DU MÉTAL EMPLOYÉ PAR LES ORFÈVRES.

L'argent, nous l'avons dit, est le second métal que les orfèvres mettent en œuvre. Contrairement à ce qui s'est produit pour l'or, à mesure que, par suite d'une extraction plus importante, il est devenu plus abondant à la surface du globe, son usage, au lieu de se restreindre, s'est généralisé, et si l'on n'assiste plus, comme cela avait lieu autrefois dans certaines familles, à l'étalage brillant d'une somptueuse vaisselle, du moins n'est-il pas de ménage bourgeois qui n'attache un certain amour-propre à posséder quelques pièces d'argenterie. L'argent, au reste, mérite, par ses rares qualités, cette persistance et ce redoublement de faveur.

Sa couleur est agréable. Il est blanc, et même le plus blanc des métaux. Sensiblement moins lourd que l'or, car son poids spécifique est de 10,474 lorsqu'il a été fondu et de 10,510 quand on l'a façonné au marteau, il offre, par contre, plus de résistance et une dureté plus grande. Sans être aussi ductile et aussi malléable que son superbe rival, il possède une élasticité suffisante pour se plier complaisamment à toutes les formes qu'on entend lui donner. En le battant, on peut le réduire en feuilles assez minces pour que 8,000 d'entre elles ne dépassent pas en épaisseur deux centimètres et demi. Sa ténacité est telle qu'un gramme passé à la filière peut fournir 2,500 mètres de fil, et qu'un fil de deux millimètres de diamètre peut, sans se rompre, porter un poids de 85 kilogrammes. Enfin, dernier avantage, il se laisse très facilement souder.

Indépendamment de ces qualités déjà suffisamment nombreuses, il en possède une autre plus précieuse encore. Il est insipide et inodore. L'air et l'oxygène, soit à l'état sec, soit à l'état humide, n'exercent aucune action sur lui. Il n'est attaqué que par certains acides particulièrement violents, et lorsqu'il est oxydé, son emploi ne présente jamais de danger pour la santé. Voilà pourquoi de tout temps l'argent a été recherché avec une sorte de passion par tous les peuples de la terre; et sa possession est, depuis bien longtemps, considérée comme si précieuse, que son nom est devenu, chez nous, le synonyme de richesse[1].

Si, à l'état pur, l'argent est plus dur que l'or, par contre il est moins résistant que le cuivre; aussi, pour lui permettre de s'user moins rapidement et de mieux conserver les contours et les formes qu'on lui a donnés, prend-on ordinairement le soin de le mélanger avec une petite quantité de ce dernier métal. On forme ainsi des alliages qui, indépendamment d'une fermeté et d'une dureté plus considérables, présentent encore l'avantage d'être plus facilement fusibles que l'argent à l'état pur; et comme la fusibilité de ces alliages est d'autant plus grande que la proportion de cuivre y est plus importante, on utilise certains d'entre eux pour opérer les soudures.

On sait que souder deux surfaces métalliques, c'est joindre ces deux surfaces à l'aide d'un fondant, c'est-à-dire d'un autre métal qui entre en fusion à une température moins élevée que celle où les deux métaux qu'on veut unir commencent eux-mêmes à fondre. Nous parlons autre part et assez longuement (chap. VI) de cette opération compliquée et toujours délicate, qui joue dans la fabrication de l'orfèvrerie un rôle des plus importants. Pour le moment,

---

1. Les Romains avaient fait dériver le mot *pecunia*, qui chez eux avait cette signification, de *pecus* (troupeau), parce que pour les peuples primitifs la possession et l'élève du bétail constituaient la source par excellence de la richesse. Chez nous, à partir du moyen âge, c'est à l'argent que revient ce privilège caractéristique.

nous nous bornerons à constater que la composition de ces soudures ou fondants varie suivant la nature et le prix des pièces que l'on doit exécuter. Les orfèvres, pour leurs travaux courants, en emploient de quatre sortes, et les proportions d'alliage de chacune de ces sortes, ainsi que le remarque M. P. Boué, « sont indiquées par le nom même qu'on leur donne et qui exprime la quantité de métal étranger entrant dans leur composition [1] ». On les appelle, en effet, soudures à huit, à six, au quart et au tiers. Ces divers alliages étant, nous l'avons dit, d'autant plus fusibles que le cuivre y figure en proportion plus élevée, il semble que, pour la commodité de l'ouvrage, on ne devrait employer que les soudures les moins fortes, c'est-à-dire celles où le métal précieux entre en moindre quantité. Mais l'orfèvre, dans l'exécution des grandes pièces, a toujours intérêt à rendre ses soudures aussi peu apparentes que possible ; or celles-ci demeurent d'autant plus visibles que la proportion de métal commun y est plus considérable. En outre, à mesure qu'on augmente la quantité de cuivre contenu dans le fondant, le titre de la pièce qui a subi les soudures se trouve légèrement abaissé, et sa valeur intrinsèque est par conséquent amoindrie. « Il arrive souvent, ainsi que le constatent MM. Julia de Fontenelle et Malpeyre [2], que quand on revend de la vaisselle montée, la valeur qu'on en trouve est inférieure à celle de la vaisselle plate. — Cela est facile à comprendre : si la pièce, objet de la transaction, ne présente pas, par suite du travail qu'elle a reçu, une valeur artistique propre, et que, par suite du changement de mode, elle soit devenue hors d'usage, il est bien évident que, la quantité des soudures augmentant la proportion générale du cuivre, on aura, lors de la refonte, un lingot dont le titre sera abaissé par rapport à celui du métal proprement dit qui a servi à

1. *Traité d'orfèvrerie*; Paris, 1832; tome Ier, p. 243.
2. *Nouveau Manuel du bijoutier orfèvre*, tome II, p. 122.

établir chacune des parties séparément. La valeur au poids se trouvera donc diminuée[1]. »

Voilà pourquoi, dans leurs grands ouvrages et pour les pièces d'argenterie de premier titre, les orfèvres n'emploient que des soudures à six ou au quart, et réservent celles au tiers pour les œuvres communes faites d'argent au second titre, et pour ce qu'on appelle dédaigneusement « la petite orfèvrerie ».

Ces remarques offrent un certain intérêt, parce que la proportion de cuivre mélangé par les orfèvres au métal précieux qu'ils travaillent, n'a jamais été facultative et laissée à leur convenance. De tout temps, au contraire, la qualité de leurs alliages a été sévèrement réglée, d'abord par le bon plaisir royal, ensuite par le législateur. Pour des raisons dont nous avons autre part expliqué l'opportunité[2], Philippe le Bel, dès 1313, s'occupa de réglementer ce qu'on appelait alors l'aloi, ce que nous nommons aujourd'hui le titre, c'est-à-dire la détermination légale de la quantité de métal fin que doivent contenir les ouvrages d'orfèvrerie relativement à leur poids total.

Sous l'ancien régime, le titre de l'or s'évaluait en carats, et celui de l'argent en deniers. L'or le plus fin, pur de tout mélange, était dit à 24 carats. L'argent remplissant les mêmes conditions était dit à 12 deniers. Une *ordonnance* de Henri II rendue au mois de mars 1554 défendait aux orfèvres de travailler, « soit en menuiserie, soit en grosserie », l'argent à un titre inférieur à 11 deniers 12 grains

1. Fait à noter : tous les *Arrêts du Conseil* relatifs aux diverses refontes des matières d'or et d'argent, établissent une différence de valeur entre la vaisselle plate et la vaisselle montée. Ainsi, les *Lettres patentes* données par Louis XV le 26 octobre 1759, pour n'en pas citer d'autres, « fixent les prix des vaisselles qui seront portées à la Monnaie : à 56 livres le marc pour la vaisselle platte au poinçon de Paris, et à 55 livres 3 sols 6 deniers pour la vaisselle montée au même poinçon ».

2. Voir le *Dictionnaire de l'ameublement et de la décoration* aux mots Argent, Orfèvre, Titre, Vaisselle, etc.

de fin, avec 2 grains « de remède », — c'est-à-dire avec une tolérance de 2 grains pour les soudures. — Cet argent, ainsi titré, se nommait *argent le roi*. Des *ordonnances* de 1586, 1657, 1679, etc., confirmèrent ou modifièrent légèrement la composition de cet alliage. Quant à l'or, il devait être à 22 carats de fin, au remède d'un quart de carat.

La loi du 19 brumaire an VI changea ces façons de s'exprimer[1]. Les métaux précieux furent désormais titrés

[1]. « Tous les ouvrages d'orfèvrerie et d'argenterie fabriqués en France doivent être conformes aux titres prescrits par la loi ; ces titres ou la quantité de fin contenue dans chaque pièce s'expriment en millièmes. Les anciennes dénominations de carats et deniers pour exprimer le degré de pureté des métaux précieux n'ont plus lieu. » (*Loi du 19 brumaire an VI*.) Néanmoins, puissance de l'habitude et bien que cette façon d'indiquer la pureté du métal ne réponde plus qu'approximativement et fractionnairement aux titres adoptés par la législation nouvelle, les orfèvres ont continué d'estimer l'or par carats. On remarquera que le mot carat, dans le sens où il a été employé de tout temps, ne désigne pas un poids réel, mais une partie aliquote ou fractionnaire. Ainsi, en décidant que l'or ne devait être employé qu'à 22 carats, le législateur de 1554 entendait dire que le métal, quel que fût son poids, devait contenir 22 parties d'or fin et seulement deux parties de cuivre. Pour plus de commodité, au surplus, voici un tableau indiquant la réduction approximative des carats en millièmes.

NOMBRE de CARATS	RÉDUCTION en MILLIÈMES	NOMBRE de CARATS	RÉDUCTION en MILLIÈMES
24	1000	12	500
23	958	11	458
22	917	10	417
21	875	9	375
20	833	8	333
19	792	7	292
18	750	6	250
17	708	5	208
16	667	4	167
15	625	3	125
14	583	2	83
13	542	1	42

On voit par ce tableau que l'ancien aloi de l'or correspondait à 917 millièmes de fin. Ce titre a cessé d'être en usage.

d'après le nombre de millièmes de fin qu'ils contenaient. Ces titres sont pour l'or (nous l'avons dit à la page 4) au nombre de trois : le premier comporte 920, le second 840, le troisième 750 millièmes. Pour les ouvrages d'argent il n'en existe que deux : le premier de 950 et le second de 800 millièmes, avec une tolérance de 3 millièmes pour l'or et de 5 millièmes pour l'argent. L'exactitude du titrage est, après essai, attestée par le contrôle, c'est-à-dire par l'apposition d'un certain nombre de poinçons. Sous l'ancien régime on faisait usage de quatre poinçons spéciaux, à savoir : le *poinçon de charge,* que l'orfèvre était tenu de faire apposer, par le fermier des droits, sur ses pièces encore à l'état d'ébauche ; le *poinçon de la maison commune* ou *du bureau des orfèvres,* qui certifiait le titre du métal employé ; le *poinçon du maître,* qui permettait, une fois l'ouvrage achevé, de savoir quel en était l'auteur, et enfin le *poinçon de décharge,* indiquant que les droits du fisc avaient été acquittés.

Aujourd'hui, le bureau des orfèvres et les fermes des matières d'or et d'argent ayant été supprimés, les poinçons apposés sur les pièces d'argenterie ne sont plus que de deux sortes : la marque du fabricant révélant l'auteur de l'ouvrage, et le contrôle qui, tout en constituant une garantie du titre, vient certifier que les droits dus à l'État ont été régulièrement perçus.

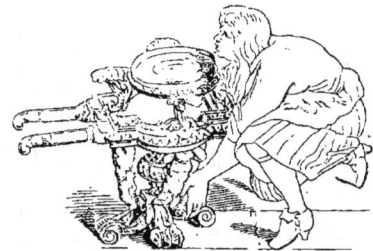

Fig. 7. — Orfèvre des Gobelins présentant un brancard d'argent, d'après une tapisserie du XVIIᵉ siècle.

III

DIFFÉRENTES MANIÈRES DE TRAVAILLER L'OR ET L'ARGENT. — LA PRISE DANS LA MASSE ET DANS LA PIÈCE. — LA FONTE.

Les métaux précieux que l'orfèvre met en œuvre, peuvent se traiter de différentes manières. On les sculpte dans la masse, on les fond, on les forge, on les repousse. Forgées, repoussées, fondues ou prises dans la masse, toutes les pièces d'orfèvrerie sont achevées à l'aide de limes plus ou moins douces, de rifloirs, de gouges, de molettes, de matoirs, de ciseaux, de burins et de ciselets, puis, une fois terminées, elles sont, s'il y a lieu, brunies ou polies.

De toutes ces façons, la moins couramment employée est la *prise dans la masse*. Elle ne convient guère que pour de petites pièces, — comme les clefs, cachets, pommeaux, boutons, targettes, etc., — encore faut-il que ces menus objets ne soient exécutés qu'à un seul exemplaire. L'or et l'argent, en effet, se fondent avec une facilité assez grande pour que, voulant obtenir une pièce un peu vaste, ou si l'on doit en tirer plusieurs épreuves, on ait avantage à confectionner un modèle, à le mouler en sable, à le fondre, quitte ensuite à le réparer et à l'achever avec tout le soin désirable.

Quand l'artiste a des raisons spéciales pour prendre sa pièce dans la masse, il commence par forger un petit lingot de dimensions convenables (voir fig. 3) ; puis il le dégrossit au tour, abat au ciseau les parties inutiles, et finalement, à l'aide de gouges, de burins, d'agnettes, de grattoirs, c'est-à-dire avec tout un arsenal d'outils coupants et trempés, il incise, découpe, creuse, sculpte le métal, comme il sculpterait toute autre matière ductile et résistante. La seule particularité qu'offre son travail, c'est qu'au lieu de pousser ses gouges et ses burins directement à la main, il les conduit toujours au marteau, et enlève à petits coups redoublés les copeaux de métal. Une fois la forme définitive donnée à l'objet par le tranchant de l'outil, il reprend, pour achever son œuvre, ses instruments habituels. Cette façon de travailler l'or et l'argent peut être tenue non seulement pour délicate et difficile, mais encore pour particulièrement artistique. Celui qui prend dans la masse n'est plus, comme le ciseleur ordinaire, un artiste auxiliaire, uniquement chargé d'améliorer les ouvrages de l'orfèvre et de les amener à leur point de perfection. C'est un créateur véritable. Il cesse d'être un simple décorateur, pour faire acte de statuaire (voir fig. 8 à 12).

Avec la *prise dans la pièce* l'artiste fait également preuve d'une grande indépendance, qui exige des capacités spéciales. Cette nouvelle opération consiste à *champlever* une surface métallique, c'est-à-dire à *enlever le champ,* ou mieux à en abaisser le fond de manière que le dessin qu'on veut représenter s'en détache en saillie et forme une sorte de bas-relief. Supposons, par exemple, qu'on veuille entourer un médaillon obtenu au repoussé, d'un cadre décoré par une suite de rinceaux, de chiffres, d'emblèmes, d'armoiries. Après avoir décalqué son dessin, l'artiste réserve avec soin les ornements qui doivent faire saillie et enlève au burin, à l'échoppe, à la gouge, à l'agnette, la matière sur tous les points destinés à constituer le fond. Ce que nous disons d'un encadrement s'applique également (nos figures 13 à 16 le prouvent) à un étui, à un pommeau, etc. Parfois, dans ce genre d'ouvrage, le ciseleur s'aide de la morsure à l'eau-forte ; mais quand il est absolument maître de sa main et de ses procédés, il attaque le métal directement, conduisant l'outil avec son marteau, détachant bravement les parties qui doivent disparaître ; et le travail exécuté avec cette vaillance offre toujours une hardiesse,

LA PRISE DANS LA MASSE

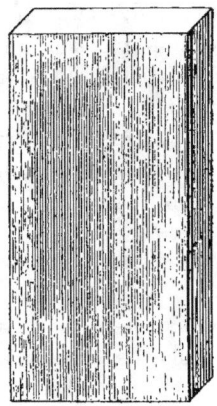

Fig. 8. — La masse forgée.

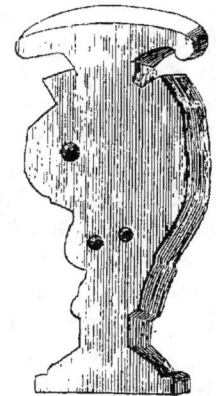

Fig. 9. — La masse dégrossie au ciseau et à la lime.

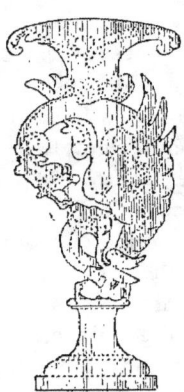

Fig. 10.
La masse détourée et dans ses profils.

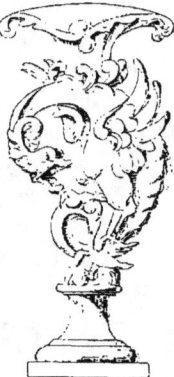

Fig. 11.
La masse ébauchée.

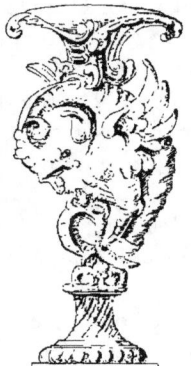

Fig. 12.
La masse reprise au ciselet et achevée.

une liberté et par conséquent un charme que la morsure à l'eau-forte ne saurait présenter.

On comprend que ces façons de travailler le métal, exigeant une sûreté d'œil et une habileté de main exceptionnelles, ne sont et ne peuvent être employées que par un petit nombre de ciseleurs tout à fait aguerris. La *fonte*, par laquelle on les remplace, quand il s'agit d'objets en ronde bosse, est, nous l'avons dit, d'autant plus usitée que l'argent et l'or sont suffisamment fusibles et malléables pour prendre exactement, et sans trop de difficulté, l'empreinte des moules dans lesquels ils sont coulés.

Les méthodes pratiquées pour la fonte de ces deux métaux ne diffèrent pas sensiblement de celles en usage pour la fonte du cuivre. Dans l'étude que nous consacrons au BRONZE D'ART ET D'AMEUBLEMENT, nous expliquons en détail les procédés de la *fonte à cire perdue* et ceux de la *fonte à noyau* et *à pièces rapportées*. La fonte à cire perdue, toutefois, n'est guère employée par les orfèvres, et cela pour plusieurs raisons. Tout d'abord le prix élevé des métaux qu'ils mettent en œuvre fournit rarement l'occasion de fondre des pièces assez grandes pour qu'on aime à retrouver sur leur épiderme la trace laissée sur l'argile ou la cire par la main même de l'artiste. Leurs ouvrages, au contraire, étant généralement de petite taille, exigent un fini, un précieux, qu'une ciselure très poussée peut seule leur donner. En outre, la facilité avec laquelle nos deux métaux se soudent et se réparent, jointe à l'habitude qu'on a de composer les pièces d'orfèvrerie — chandeliers, vases, coupes, etc. — de morceaux séparés qu'on réunit ensuite, ou, pour employer l'expression technique, qu'on monte avec des tiges de fer et des écrous, cette double particularité permet au fondeur de diviser l'objet qu'il veut reproduire en un certain nombre de fragments isolés, et d'éviter ainsi tous les inconvénients que comporte la fonte à pièces rapportées, pour les grands ouvrages de bronze.

Afin de mieux nous faire comprendre, nous prendrons un exemple. Une statue représentant une figure entièrement nue offre aux yeux, depuis l'extrémité de ses pieds jusqu'à la cime de ses cheveux, un objet unique, dont la surface exige une continuité absolue ; et toute trace de coupure, toute séparation qui reste visible, atténuent la logique et la beauté de cette statue. Avec un candélabre il n'en va plus de même. Celui-ci se compose d'un pied, d'une tige, de branches, de binets, de bobèches, qui, réunis, constituent

 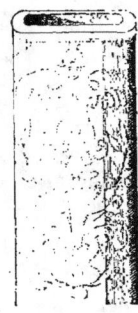 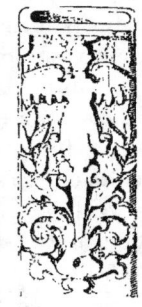 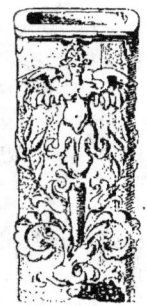

Fig. 13. La pièce forgée.   Fig. 14. — Le dessin décalqué sur la pièce.   Fig. 15. — La pièce champlevée et ébauchée.   Fig. 16. — La pièce reprise au ciselet et achevée.

bien un tout, mais qui, pris séparément, ont chacun leur forme, leur raison d'être, et dont les points de jonction peuvent être facilement dissimulés, ou même demeurer visibles sans que l'œil s'en trouve le moins du monde choqué (voir fig. 17 et 18).

D'accord sur ce premier point, résumons maintenant les opérations principales de la fonte. Lorsque l'objet à mouler est d'une certaine importance, on prend le modèle exécuté par l'artiste, ou mieux le plâtre moulé d'après ce modèle, et on le couche sur un lit de terre un peu maigre et convenablement humectée. Par la pression on enfonce le modèle jusqu'à la moitié de son épaisseur, puis on complète la *chape* par la confection d'une série de pièces séparées, façonnées également en sable humide et bien pressé, et s'emboîtant les unes dans les autres, de façon à former autour du modèle une enveloppe parfaitement close.

Ce moule, ou, pour parler plus exactement, cette *chape* étant achevée et suffisamment sèche, on s'en sert pour confectionner en terre une épreuve de l'ouvrage que l'on veut reproduire. A l'aide d'un grattage uniforme, on *maigrit* cette épreuve, de façon que, replacée dans le moule, elle n'adhère plus à sa paroi intérieure, mais laisse partout un vide régulier de un ou deux millimètres. Cette épreuve ainsi maigrie, qui prend le nom de *noyau*, est mise en place et calée par une armature; puis le moule est refermé. On enveloppe le tout dans de la terre bien battue et maintenue contre toute pression intérieure et extérieure par des cadres en fer, et ensuite on verse le métal en fusion. Ce dernier, en pénétrant dans l'espace libre, forme une sorte de chemise qui habille le noyau. Une fois le métal versé, on n'a plus qu'à laisser refroidir.

Ces opérations, réduites dans cet exposé à leur plus simple expression, concernent la fonte de pièces relativement importantes comme dimensions. Mais, ainsi que nous venons de le dire, grâce à la facilité avec laquelle les métaux précieux se soudent, et aussi par suite de l'habitude qu'on a de monter les objets usuels à l'aide de tiges de fer et d'écrous, l'orfèvre n'a généralement que de petites pièces à fondre, qu'il moule le plus souvent en massif, et par conséquent sans noyau. Même dans ses plus grands ouvrages, il n'exécute à la fonte que les parties en ronde bosse, qui sont ordinairement de dimensions réduites, et il n'hésite pas à diviser en plusieurs fragments les morceaux vastes ou compliqués.

En outre, comme il serait long et coûteux de confectionner pour chacun de ces fragments une chape spéciale, et de procéder pour chacun d'eux à une fonte particulière, on en réunit un certain nombre dans un même cadre garni de terre convenablement préparée. On les dispose dans ce cadre, en ayant soin de les faire rayonner autour d'un rouleau de bois chargé de ménager le chemin du *maître jet*. On établit également des communications entre eux de façon à favoriser par des *jets de traverses* la transmission rapide du métal

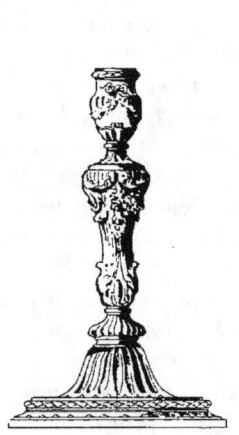
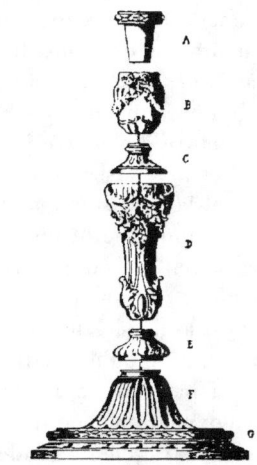

Fig. 17. — Flambeau monté.

Fig. 18. — Diverses parties du flambeau. — A, binet. — B, bobèche. — C, collet. — D, tige. — E, collet du pied. — F, pied. — G, suage ou doucine.

dans toutes les parties du moule ; puis on remplit de sable le cadre des châssis, et on le presse dans tous les sens jusqu'à ce qu'il soit parfaitement compact, en ayant soin que les divers modèles ne soient engagés que jusqu'à leur moitié.

Cela fait, on établit la contre-partie de ce premier travail, ce qui s'exécute de la façon suivante. On prend un second châssis en tout pareil au premier et qui s'adapte à celui-ci à l'aide de chevilles pénétrant dans des trous exactement repérés. On place ce second châssis sur le premier, et on le charge de sable. Cette opération achevée, on sépare les deux cadres, pour rectifier, s'il y a lieu, les jets de communication et la marche du maître jet, lequel doit toujours aboutir à l'ouverture des châssis. On retire les objets, on fait légèrement chauffer la terre pour chasser l'humidité qui pourrait y rester. On soumet les empreintes à la fumée d'un flambeau de poix-résine pour empêcher l'adhérence. Ensuite on réunit de nouveau les deux cadres au moyen des chevilles dont il a été parlé ; on les serre à l'aide d'une presse à vis et l'on verse le métal en fusion, en prenant bien garde de s'arrêter juste au moment où l'ouverture du maître jet se trouve remplie. Après cela on n'a plus qu'à laisser suffisamment refroidir, puis on brise le moule et l'on en sort les objets.

Il s'en manque de beaucoup, à ce moment, que les pièces fondues soient en état d'être utilisées. D'abord il faut les détacher des *jets* auxquels elles adhèrent, enlever les *coutures*, c'est-à-dire les légères saillies laissées par les points de jonction du moule, mettre à vif le métal en faisant délicatement disparaître, à l'aide de grattoirs et de rifloirs, la couche d'oxydation produite par la fusion. Si la pièce est faite de plusieurs fragments soudés, il faut que la *ragréure* rende invisibles les points d'assemblage que présentent les morceaux réunis. Enfin, comme l'or et l'argent, métaux moins malléables que le bronze, ne s'imprègnent pas toujours suffisamment des finesses et des délicatesses du moule qui les reçoit ; comme ils gardent souvent, après la fonte, une certaine mollesse de contours, il s'agit de leur imprimer la nervosité et l'accent qu'ils n'ont point su prendre, et de leur donner en même temps le précieux et le fini auxquels ils ont droit.

Ces différentes opérations relèvent du ciseleur.

IV

DES DIFFÉRENTES SORTES DE CISELURE SUR FONDU. LES OUTILS DU CISELEUR.

Les difficultés multiples que présentent ceux de ses ouvrages qui sont un peu compliqués, la singulière diversité de qualités physiques et de talents qui lui sont nécessaires pour les mener à bonne fin, la part décisive qu'il prend à l'achèvement et souvent même à la création des œuvres les plus considérables de l'orfèvrerie, font du ciseleur habile un artiste véritable. Malheureusement tous ceux qui exercent cette délicate profession ne sont point intelligents et capables au même degré.

A côté du ciseleur expérimenté et suffisamment instruit pour comprendre et interpréter une forme, et qui, maître de son outil, touchant juste et du premier coup, est en état de conduire un travail à sa perfection, il y a ceux qu'en termes d'atelier on appelle les *abatteurs* et les *ficeleurs*. Se contentant d'exercer la lettre de leur métier, les premiers *abattent* en un instant les besognes les plus longues. Ils *nettoient* une pièce en un tour de main, et donnent à l'ouvrage les apparences d'un achèvement soigné, sans se préoccuper aucunement de respecter l'esprit qui a présidé à l'invention de l'œuvre, non plus que les exigences du décor. Les seconds se bornent à n'être réellement habiles que dans une spécialité, et pour le reste demeurent au-dessous du médiocre ; ou bien, fiers à l'excès de leur talent, ils ne cherchent qu'à embellir l'ouvrage par des façons compliquées, qui trop souvent dénaturent le caractère du modèle. Le rôle du véritable ciseleur est tout autre. Il doit assurément avoir acquis une certaine virtuosité technique.

Il lui faut en outre, comme l'explique fort bien M. Jean Garnier[1], des qualités physiques toutes spéciales; mais ce qui lui est surtout indispensable, c'est d'avoir du sentiment et du goût.

Ne pouvant employer la loupe, — le maniement du marteau s'y oppose, — il est de toute nécessité que son œil soit assez perçant pour suivre le travail dans toutes ses parties et pour enregistrer l'effet produit par chacun de ses coups. Conduisant le ciselet de sa main gauche et tenant dans sa droite un petit marteau typique, — à tête plate et à panne arrondie, monté sur un léger manche de frêne, — il a également besoin d'une délicatesse exquise de tact et d'une

Fig. 19. — Marteau de ciseleur.

absolue possession de ses moindres mouvements, car chaque coup doit être frappé exactement en sa place, ni trop fort ni trop faible, et l'artiste doit sans cesse varier non seulement la position de son outil, mais la forme même et la grosseur de cet outil, pour que son travail soit exempt de monotonie. Tout ceci, cependant, n'est que la partie technique et matérielle de sa tâche.

Un autre devoir lui incombe encore, et celui-là singulièrement plus relevé. Le rôle du ciseleur, sa mission essentielle est, après avoir corrigé les défauts de la fonte et resserré le grain du métal, de compléter le modèle qui lui est fourni, mais sans jamais substituer les fantaisies de son interprétation aux indications données par l'auteur principal. Ainsi que le remarque fort bien un maître en ces

---

1. *Nouveau Manuel complet du ciseleur*; Paris, 1859; p. 27.

matières[1], il a le devoir de faire signifier au métal « ce que le sculpteur n'a pu donner, ce que ne livrent ni la terre, ni la cire, ni le bois, ni le marbre : cette fleur de l'épiderme, le chairé de la peau, la maille du tissu, les nervures des feuilles, le moiré des fleurs, tout cet infini délicat qui charme l'œil et donne la couleur et l'esprit à la matière ». Mais, dans ce magique achèvement qui est son triomphe, le ciseleur ne doit jamais cesser d'être le traducteur obéissant et soumis du créateur de l'œuvre.

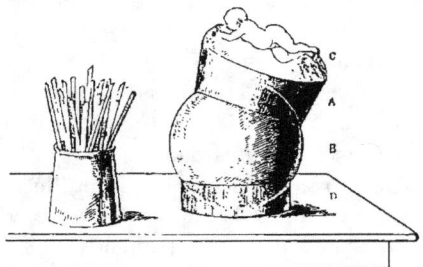

Fig. 20. — Le *boulet*. — C, le ciment portant la pièce à ciseler. — A, le cercle de tôle renfermant le ciment. — B, le boulet proprement dit. — D, le panonier.

Ces diverses façons extrêmement variées et toujours délicates, notre artiste les exécute avec une quantité prodigieuse d'outils, peu compliqués du reste, et qu'il fabrique souvent lui-même. Ces outils sont le marteau dont nous avons déjà dit un mot, les gouges, les burins, les grattoirs, les molettes et surtout les rifloirs et les ciselets. Ces derniers notamment sont en nombre infini, et cela s'explique. Leurs formes et leurs dimensions changent au gré de l'exécutant, qui les accommode et les façonne suivant les habitudes de sa main, la nécessité de son travail, ou son désir d'obtenir certains effets déterminés. Voici, du reste, en quoi ces outils consistent.

1. M. L. Falize. Voir *Dictionnaire encyclopédique de l'industrie et des arts industriels*, à l'article CISELURE.

On donne le nom de ciselets à des tiges d'acier de 10 à 15 centimètres de longueur et de 3 à 5 millimètres d'épaisseur, dont un bout — celui qui agit sur le métal — est fortement trempé, mais sans jamais être tranchant. C'est cette extrémité de l'outil qui reçoit ces formes étonnamment variées dont nous parlions à l'instant. Non seulement elle se modifie comme largeur et comme taille suivant les besoins de celui qui l'emploie, mais elle s'aplatit ou se bombe, s'arrondit ou se creuse, revêt un aspect anguleux ou carré, offre une surface grenue ou polie, et presque à chacune de ces transformations l'outil prend un nom particulier. Si l'extrémité s'amincit et s'effile en pointe, c'est la *bouge;* si elle s'arrondit, au contraire, c'est la *bouterolle;* si elle se creuse, c'est le *perloir,* etc. Cette pointe est-elle unie et polie, le ciselet rentre dans la catégorie des *outils clairs;* si, au contraire, elle est striée, pointillée ou grenue, il se trouve compris dans la classe des *matoirs;* etc. Les sous-variétés de ces petits instruments sont tellement nombreuses, que le ciseleur a généralement à portée de sa main trois ou quatre grandes boîtes rondes en fer-blanc. La première est remplie par les outils clairs, la seconde par les matoirs, la troisième par les traçoirs, et tous sont dressés le bout en l'air et réunis sous son œil, de façon que l'artiste voie de suite où sa main exercée peut chercher et trouver l'outil qui lui est nécessaire.

Les rifloirs, également, sont fort employés et très variés dans leurs formes. Ils consistent en tiges d'acier longues d'environ 25 centimètres, dont les extrémités sont façonnées à la lime suivant le dessin particulier qu'exige la nature même du travail. Une fois préparés, on les taille, et on les trempe ensuite. On en fait de *ronds;* d'autres sont en forme de *langue de chat,* de *haricot,* de *couteau* (on nomme ceux-là *coutelles*), de *feuilles de sauge,* de *crochets,* de *bouts relevés.* Les uns ont leur tige droite; d'autres l'ont cambrée et même courbe, de façon à pénétrer dans certaines cavités dont autrement on ne pourrait atteindre le fond.

Indépendamment de ce petit arsenal déjà fortement approvisionné, et qui comprend ce que l'on pourrait nommer les instruments classiques, il faut mentionner cette autre catégorie que M. Jean Garnier[1] appelle plaisamment les

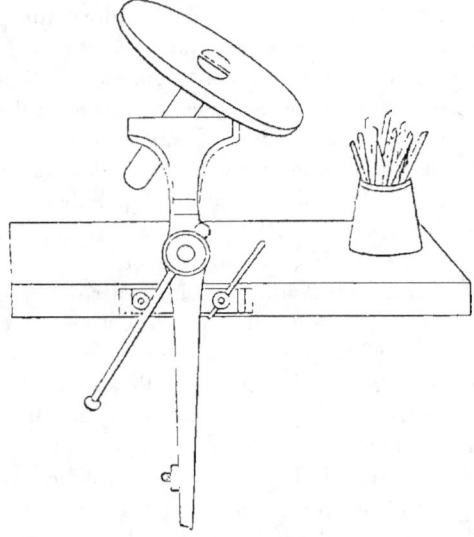

Fig. 21. — Le *blot* pris dans l'étau.

outils de chic. Ceux-ci consistent en ciselets qui tantôt se traînent à la façon des matoirs, tantôt se frappent net et laissent une empreinte d'une nature spéciale. On s'en sert pour imiter le poil de certains animaux, les carapaces de l'écrevisse, du homard, des crabes, les écailles des truites et des brochets, des lézards, etc. Ces outils singuliers, spécialement exécutés par ceux qui en font usage, exigent

1 Le *Manuel du ciseleur*, p. 219.

chez leurs auteurs une certaine dose d'observation et beaucoup d'adresse et d'expérience.

Le reste du matériel nécessaire au ciseleur est de moindre importance. Il se compose d'un établi sur lequel on place un *boulet* en fer, calé par un épais rond de cuir, en forme de collier de chien, qu'on nomme *panonier* (voir fig. 20). Ce boulet n'est engagé dans le panonier que jusqu'au quart de son diamètre. Grâce à son poids, il offre une grande stabilité. En outre, sa forme sphérique permet de le tourner dans tous les sens et de lui donner toutes les inclinaisons. Le ciseleur fixe sur ce boulet les pièces qu'il veut achever, à l'aide d'un ciment fait de résine, de suif et de coaltar (goudron de houille), qu'il applique à chaud, et dont la mission, une fois que par le refroidissement il a pris la dureté nécessaire, est non seulement de retenir la pièce sur son support, mais encore de soutenir le métal.

Lorsque, au lieu de travailler un objet en ronde bosse, le ciseleur doit s'attaquer à un plat ou à une assiette, comme le boulet ne lui offrirait pas une surface assez ample pour exécuter un ouvrage aussi vaste, il colle ce plat ou cette assiette sur un *blot*. On donne ce nom à un plateau de bois fait d'un ou de plusieurs morceaux et proportionné, comme dimensions, à la taille de la pièce qu'on veut achever. Ce blot peut être fixé sur le boulet ; mais plus ordinairement il est muni en dessous d'une forte cheville qu'on serre solidement dans les mâchoires d'un étau (fig. 21). Enfin, si le blot affecte lui-même des proportions trop vastes, on se borne à le caler sur l'établi avec des morceaux de bois, ou, ce qui vaut mieux, avec des coussins de cuir remplis de sable.

Tels sont les principaux outils journellement employés pour la ciselure du *fondu*. Nous verrons bientôt que pour le *repoussé* on fait également usage de la plupart d'entre eux, et qu'on se sert aussi de quelques autres.

V

DU TRAVAIL AU MARTEAU, ET DES AVANTAGES QU'IL PRÉSENTE

Bien que l'or et l'argent se fondent presque aussi facilement que le bronze, on ne recourt que rarement, nous l'avons dit, à ce procédé pour la confection des pièces d'orfèvrerie. Le prix relativement élevé de ces deux métaux oblige, en effet, ceux qui les mettent en œuvre à ménager autant que possible la matière. C'est pour eux non seulement un moyen de rendre plus abordables les ouvrages qu'ils fabriquent, mais encore d'en assurer la conservation[1]. Aussi, dans le but d'économiser le métal, a-t-on recours, pour la fabrication de la vaisselle plate, à la *forge* et au *planage*, et pour la fabrication de la vaisselle montée, au *repoussé* et à l'*estampage*; procédés d'autant plus universellement employés que l'argent, métal très ductile, se laisse admirablement travailler au marteau.

Ajoutons que ces diverses manières de façonner les métaux précieux sont extrêmement anciennes. La plupart des bijoux et des pièces d'orfèvrerie antiques qui sont parvenus jusqu'à nous, sont le résultat de la forge et du repoussé. Le musée égyptien du Louvre montre dans les vitrines de la *Salle funéraire*, un masque estampé dans une lame d'or, et le livret d'un batteur d'or encore rempli de feuilles obtenues au marteau. Les masques et les bijoux découverts par M. Schliemann dans ses fouilles célèbres, ainsi que les admirables parures, diadèmes, colliers, couronnes, conservés dans la *Salle des bijoux*, prouvent que les Grecs et les

---

1. On peut voir, en effet, dans le *Résumé historique* dont cette notice est suivie, que la principale cause de destruction de l'argenterie réside justement dans la valeur constamment réalisable des métaux qu'elle met en œuvre.

Étrusques pratiquaient ce genre de travail d'une façon courante. Les trésors d'Hildesheim, de Bernay, de Notre-Dame d'Alençon, attestent qu'à Rome et dans la Gaule romaine, le repoussé avait atteint une beauté qui n'a pas été dépassée depuis. Enfin la précaution que nos ancêtres prirent de toujours représenter l'illustre patron des orfèvres, le grand saint Éloi, un marteau à la main, établit assez que les procédés ayant le martelage pour base ne furent jamais négligés dans notre pays.

Il ne faut donc pas s'étonner qu'un art aussi vénérable, pratiqué de toute ancienneté, soit arrivé à produire des ouvrages d'une irréprochable perfection. Ce long entraînement devait avoir pour conséquence une sûreté d'exécution absolument supérieure; aussi peut-on affirmer, sans exagération, que l'orfèvre habile ne connaît pour ainsi dire pas d'obstacles, et peut, armé de son marteau, réaliser toutes les fantaisies que son génie enfante. En possession d'une lame d'argent relativement mince, il va, en frappant des coups fermes et bien assurés, donner peu à peu à cette lame une courbure concave; puis, quand cette courbure sera suffisamment accentuée, il saura toujours, par le même moyen et sans autre artifice, ramener son métal, en former un vase dont il rétrécira progressivement l'entrée jusqu'à terminer celle-ci par un étroit goulot qu'il évasera légèrement. Ce n'est point tout. Une fois ce goulot achevé et ourlé d'un rebord, notre artiste couvrira le corps de son vase de reliefs obtenus par des coups frappés de l'intérieur, et il achèvera extérieurement ces reliefs, par une reprise au ciselet qui en accentuera toutes les délicatesses.

Ces diverses opérations sont si couramment pratiquées, que chacune d'elles porte un nom spécial. L'action de rendre une feuille de métal convexe d'un côté et concave de l'autre, se nomme *emboutir;* celle de ramener le métal, de *restreindre* ainsi son étendue, est désignée par le mot *rétreinte;* lorsque le goulot est suffisamment haut et que l'arliste en évase les bords, cette opération s'appelle *écolleter*, et ce verbe fait presque image. Enfin on dit du ciseleur qui décore la pièce en la repoussant de l'intérieur qu'il *recingle* ses ornements, parce que le coup de marteau cinglé par lui sur la tige de fer qui pénètre dans le goulot, *recingle* par contre-coup sur la paroi interne du vase[1].

Lorsque nous disons que ces curieux tours de force sont couramment exécutés au marteau, il ne faut pas entendre qu'ils sont tous obtenus avec le même marteau. L'orfèvre possède, au contraire, une foule de ces outils, de formes différentes, et dont chacun est particulièrement façonné pour un genre spécial de travail. Tels sont les divers marteaux à *emboutir*, à *réparer*, à *achever*, les marteaux et les *martelets* à *bouge*, à *marli*, à *planer*, à *retreindre*, etc., et,

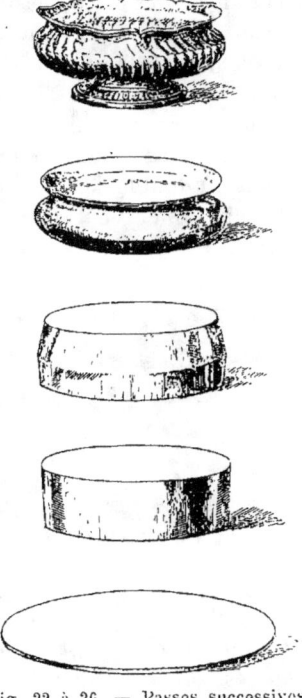

Fig. 22 à 26. — Passes successives d'un disque de métal amené par le martelage à former une corbeille.

conjointement avec ces marteaux variés, il fait encore usage d'autres intruments de formes assez particulières.

---

1. L'outil dont on se sert pour ce travail et que nous décrivons plus loin porte également le nom de *recingle*. Nous remarquerons que jamais nom d'outil aussi employé ne fut écrit d'une façon plus incertaine même par les gens du métier. Ainsi Jean Garnier et, après lui, L. Falize écrivent *ressing*; Julia de Fontenelle et Malpeyre préfèrent *ressingue*; Littré, *resingle*; Charles Blanc, *resingue*. Nous avons cru bien faire en rendant à ce mot son orthographe primitive.

Suivant la nature du travail qu'on doit exécuter, les appareils sur lesquels on bat le métal affectent, en effet, un aspect différent et prennent des noms en rapport avec l'usage spécial auquel ils servent. Veut-on *planer, dresser* ou *polir* une plaque d'argent, on a recours au *tas à dresser*, sorte de pyramide renversée faite en acier trempé, dont le sommet se trouve engagé dans une large mortaise préalablement pratiquée dans l'établi, ou encore enfoncée dans un billot de bois, et dont la base, devenue partie supérieure, est parfaitement polie. Veut-on *canneler* une plaque ou former le

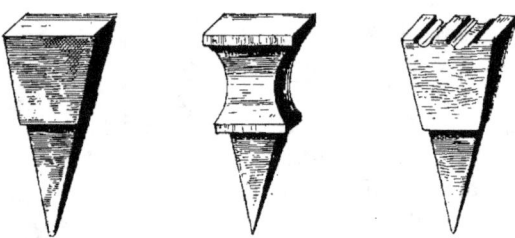

Fig. 27 à 29. — *Tas* à planer, à dresser et à canneler.

rebord d'un vase, d'une cafetière, on se sert du *tas à canneler* ou du *tas à soyer*, dont les bords sont arrondis ou dentelés, suivant la qualité de l'ouvrage.

S'agit-il d'*emboutir* une plaque de métal, on emploie celle des nombreuses espèces de *bigornes* qui convient le mieux au genre d'objet qu'on se propose d'exécuter : *bigornes droites* pour les timbales, *bigornes demi-rondes* pour le corps ou la panse des vases, bigornes en boule pour les objets à fond arrondi, comme les saucières, etc. C'est également la bigorne qui sert pour restreindre le corps des vases et former les goulots. Pour les gros ouvrages, on a des *enclumes* spéciales, se terminant le plus souvent en bigornes ; enfin quand l'emboutissage doit affecter un galbe particulier, on se sert de *mandrins* méplats, ronds, octogonaux ou carrés, faits de bois, de cuivre jaune ou de fer, et appropriés aux contours que l'on veut obtenir.

L'exécution des principaux ouvrages d'orfèvrerie nécessite encore un matériel accessoire, permettant soit de préparer les pièces, soit de les finir. Il est clair, en effet, qu'avant d'attaquer la feuille de métal pour en tirer un plat ou une cafetière, il est indispensable de commencer par tailler cette feuille suivant la forme convenant le mieux au genre d'ouvrage qu'on prétend mener à bien. Il faut dé-

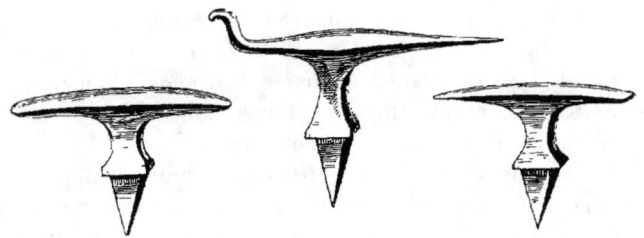

Fig. 30 à 32. — Bigornes droites et demi-rondes.

barrasser, en outre, la surface que l'ouvrier va modeler au marteau, de toutes les parties inutiles qui le gêneraient dans l'exécution de son travail. De là des opérations de *traçage* et de *découpage,* toujours délicates, parce que le bon orfèvre s'efforce, avant toutes choses, de ne pas gâcher la matière. Aussi prend-il bien soin de découper ses surfaces principales avec le moins de perte possible, et de façon à se ménager des rognures assez vastes pour en tirer les petites pièces, comme les becs de cafetière, de théière, les anses, etc., qui lui serviront ensuite à compléter l'objet principal. Pour exécuter son tracé, l'orfèvre emploie ordinairement des patrons en carton ou en fer-blanc. Parfois, et lorsqu'il est très habile, il trace directement à la pointe un dessin, dont il reprend ensuite le contour au burin, et qu'il tranche soit aux *cisailles à main*, soit aux *cisailles à banc*, suivant l'épaisseur de la plaque.

Tels sont les principaux outils qui sont couramment usités dans les ateliers d'orfèvrerie. Leur énumération et la description succincte que nous en donnons aideront sans doute le lecteur à se faire une idée générale de la façon dont s'exécutent tous ces beaux et riches ouvrages. Ce qui est plus délicat à entendre et moins facile à expliquer, c'est le degré d'habileté, d'intelligence pratique et d'expérience que réclament ces curieuses et difficiles opérations. Le façonnage au marteau des métaux précieux nécessite, en effet, des précautions nombreuses et une adresse de main absolument exceptionnelle. L'ouvrier doit *conduire* son métal, appauvrissant les parties destinées à constituer les fonds, renforçant celles qui doivent former les saillies principales, s'appliquant à proportionner la force de chacun de ses coups à l'épaisseur de la surface qu'il frappe, et à ne jamais faire porter son marteau qu'une seule fois à la même place, de façon que le métal conserve sa parfaite homogénéité.

Le repoussage, en outre, par la multiplicité des chocs, arrive à corroyer l'argent, à le durcir au point que le travail deviendrait beaucoup plus pénible, presque impossible, si l'ouvrier ne prenait le soin de passer de temps en temps ses plaques à un feu assez vif, afin que la chaleur, en dilatant les molécules, rende au métal sa ductilité et sa malléabilité premières. Encore là, de grandes précautions sont-elles à prendre. On doit, par exemple, faire bien attention que chaque *chaude* soit donnée d'une manière uniforme, afin que les coups de marteau appliqués avec une même force sur un métal qui a été plusieurs fois recuit, ne produisent pas des effets différents.

Est-il nécessaire d'ajouter que, dans la pratique, ces délicats travaux présentent mille et une complications auxquelles nous ne saurions avoir la prétention d'initier le lecteur?

L'ORFÈVRERIE

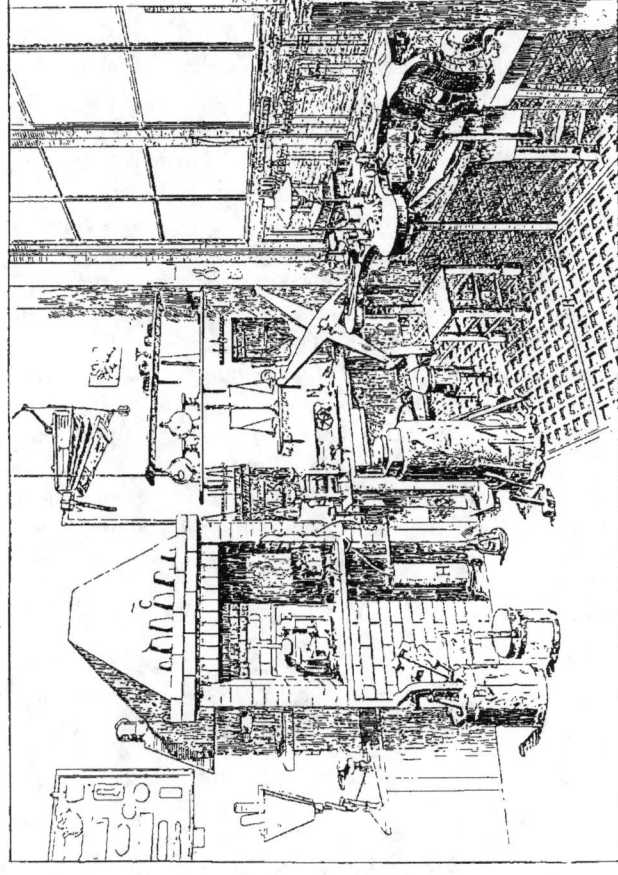

Fig. 33. — Atelier d'orfèvre, d'après l'atelier type établi au *Conservatoire des arts et métiers*.

A, tas et maillets.
B, bigornes et marteaux.
C, creusets.
D, fourneau.
E, fonderie.
F, fourneau à souder.
G, chalumeau à gaz.
H, nouveau soufflet.
I, soufflet ancien.
J, loupes-bocaux.
K, filière.
L, laminoir.
M, banc à tirer.
N, établi.
O, lampe à souder.
P, étau.
R, claies.

Ce n'est pas dans un livre, en effet, mais dans l'atelier et sur la pièce même, placée entre la bigorne et le marteau, que ces sortes de démonstrations peuvent se faire avec fruit et d'une façon complète.

Nous nous bornerons à constater qu'en dépit de ces difficultés si nombreuses et si variées, l'orfèvre vraiment habile arrive à tirer du métal à peu près ce qu'il veut. Ainsi, pour prouver leur talent, les repousseurs adroits prennent une pièce de 5 francs et parviennent à lui donner, par le simple martelage, la forme d'un cornet ou d'un verre à champagne, en ne conservant de la pièce que le ruban avec la devise « Dieu protège la France », qui devient le rebord du vase obtenu. Mais, quelle que soit la dextérité de ceux qui l'exercent, une profession ne peut admettre les tours de force qu'à l'état d'exception. C'est pourquoi les orfèvres se sont ingéniés, de tout temps, à user de procédés leur permettant de simplifier ce que ces ouvrages offrent de trop ingénieusement compliqué et, comme exécution, de trop difficile.

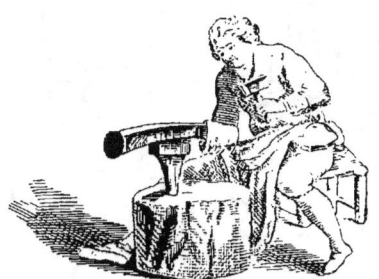

Fig. 34. — Orfèvre façonnant un gobelet sur la bigorne, d'après une gravure de l'*Encyclopédie*.

VI

LES PROCÉDÉS ÉCONOMIQUES ET RAPIDES DE FABRICATION. — DIVISION DES PIÈCES EN FRAGMENTS SÉPARÉS, ET RÉUNION DE CES FRAGMENTS PAR LA SOUDURE.

Pour donner à leur industrie toute l'extension dont elle est susceptible, les orfèvres se sont, de tout temps, appliqués à réduire autant que possible leurs prix de fabrication. Produire rapidement et à bon marché non seulement la vaisselle d'usage, mais encore les pièces compliquées, destinées à la parure des buffets, c'est assurément en rendre l'acquisition plus facile et, par contre-coup, donner aux travaux de l'orfèvre un redoublement d'activité. Ce calcul était exact surtout aux époques lointaines où, les valeurs d'État et de banque n'existant pas, la possession des métaux précieux constituait à peu près toute la fortune mobilière. En rendant leurs façons de moins en moins coûteuses, les orfèvres devaient amener tout naturellement les détenteurs de quantités considérables d'or et d'argent à les faire convertir en vases, en aiguières, en drageoirs, quitte, lorsque les temps devenaient plus difficiles, à leur restituer leur première forme de monnaie ou de lingots. Et c'est ainsi que l'argenterie des princes et des grands seigneurs put être assimilée, pendant toute une suite de siècles, à une sorte de réservoir métallique où l'on puisait suivant les besoins du moment. Telle est, en effet, la raison de ce débordement de pièces d'orfèvrerie que, durant tout le moyen âge, on rencontre, aux jours heureux, dans les trésors des princes et des rois, et de cette pénurie que les *Inventaires* de ces mêmes princes signalent après une guerre malheureuse ou quelque entreprise funeste.

Une foule de documents viennent nous apprendre, en outre, que jusqu'à la fin du xvɪᵉ siècle l'argenterie tint lieu constamment de monnaie, et servit aux payements de toutes sortes[1]. On prêtait alors à ses amis des ouvrages d'or et d'argent, comme de nos jours on prête des espèces ou des billets de banque. C'est avec un lot d'argenterie mis généreusement à sa disposition par le duc Louis d'Anjou, que Henri de Transtamare put regagner son trône usurpé par Pierre le Cruel. Louis d'Anjou, si généreux pour les princes détrônés, usa à son tour de toute l'influence qu'il avait sur son neveu Charles VI, pour emprunter à l'orfèvrerie royale les moyens de conquérir son royaume de Sicile. François Iᵉʳ fit mieux ou pis. Après la bataille de Pavie, il ne se borna pas à faire fondre la vaisselle royale et jusqu'à la « nef » d'or, emblème de ses prérogatives souveraines, il adressa un pressant appel à la générosité de ses sujets, et, pour payer sa rançon, emprunta l'argenterie des particuliers, qui prit avec la sienne le chemin de la Monnaie. Une curieuse *Ordonnance* datant du règne de ce prince nous apprend, également, qu'à cette époque les impôts étaient communément acquittés en vaisselle; et dans l'information que le roi Henri de Navarre fit faire en 1588 à propos de la mort suspecte du prince de Condé, nous voyons que toute l'argenterie de ce prince avait été mise en gage, ou donnée en payement de dettes plus ou moins anciennes.

Ces exemples, qu'on pourrait multiplier et qui, du reste, ont été recueillis avec soin, car ils sont des plus instruc-

---

1. Il est à remarquer que tous les ouvrages d'argenterie antiques qui nous ont été conservés, portent l'indication de leur poids gravée sur une partie apparente. De même les *Inventaires* du moyen âge relatent méticuleusement le poids de toute la vaisselle décrite; et cette précaution permettait aux possesseurs de ces richesses de savoir exactement le nombre et la nature des pièces qu'ils devaient donner pour acquitter une somme quelconque.

tifs[1], montrent suffisamment le rôle tout spécial que jouait alors la vaisselle d'or et d'argent. Pour pouvoir, au premier besoin, être fondue sans trop de perte et remplacer la monnaie dans les transactions courantes, il fallait que les façons dont on la chargeait fussent relativement de peu de valeur, sans quoi le déchet eût été trop grand[2]. De là cette constante préoccupation des orfèvres de diminuer leurs frais de fabrication et de rechercher les procédés simplificateurs, à une époque où les autres industries ne s'ingéniaient point encore à faire des économies sérieuses sur la main-d'œuvre.

Le premier moyen auquel les orfèvres paraissent avoir eu recours pour atteindre ce résultat, fut de diviser l'ouvrage en un nombre plus ou moins considérable de morceaux, qu'on exécutait séparément et qu'on réunissait par la soudure. Les avantages qu'offre cette fragmentation sont assez évidents pour qu'on n'ait pas besoin d'insister longuement. Il est clair, en effet, que, quelle que soit la maîtrise de l'exécutant, il y a pour lui économie de temps et de difficultés à façonner isolément chacune des parties d'un vase, quitte à les souder ensuite, plutôt que d'essayer de tirer progressivement d'une feuille de métal non seulement le corps même de ce vase, mais toutes ses parties accessoires. C'est, en outre, le seul moyen qu'on ait d'employer simultanément plusieurs mains à la confection d'un

---

1. Voir le *Dictionnaire de l'ameublement et de la décoration*, aux mots ARGENTERIE, ORFÈVRERIE, VAISSELLE, etc.
2. Louis XIV en fit bien l'expérience. Lorsque la fortune commença de lui faire mauvais visage, voulant se conformer à la coutume adoptée par les rois ses prédécesseurs, il fit, en 1689 et 1709, porter à la Monnaie son incomparable argenterie. Mais les temps avaient changé ; la main-d'œuvre était devenue infiniment plus coûteuse, et le roi, qui espérait se procurer six millions avec cette refonte, à sa grande surprise n'en trouva que la moitié. Il avait compté sans l'anéantissement à jamais déplorable des façons qui doublaient la valeur de cette orfèvrerie unique en son genre. (Voir Saint-Simon, *Mémoires*, tome VII, et Voltaire, *Siècle de Louis XIV*.)

même ouvrage et, suivant la complication des façons, d'utiliser le concours de collaborateurs plus ou moins expérimentés. En un mot, c'est recourir à la division du travail et profiter de tous les avantages qui en découlent[1].

Une fois les différents fragments exécutés, on les soudait au corps de la pièce. Nous avons, dans notre second chapitre, expliqué en quoi consistait cette nouvelle opération. Et-il bien nécessaire de redire ici que souder deux surfaces métalliques, c'est les faire adhérer à l'aide d'un alliage, entrant en fusion à une température sensiblement moins élevée que celle où le métal dont elles sont faites commence à fondre ? Faut-il rappeler également ce que nous avons dit des alliages servant pour cette opération et qui, divisés en deux classes, prennent, suivant leur degré de fusibilité, le nom de *soudures fortes* ou de *soudures tendres* ? Nous croyons inutile de revenir sur ces particularités, et nous nous bornerons à indiquer rapidement les procédés les plus communément employés pour opérer, à

---

[1]. C'est une sorte de lieu commun de prétendre que la division du travail est d'une pratique moderne. Les écrivains spéciaux et les manufacturiers eux-mêmes en sont si bien convaincus, qu'ils ont rarement laissé passer l'occasion de se plaindre de cette division, considérée comme récente. « Jadis, écrivait le rapporteur de la classe de l'Orfèvrerie à l'Exposition de 1867, jadis l'orfèvre créait et exécutait lui-même son œuvre ; aujourd'hui l'importance des affaires l'a forcé à introduire chez lui la division du travail, si utile dans la grande industrie. » Rien n'est moins exact, surtout pour la profession qui nous occupe. M. Jean Garnier, dans son *Manuel du ciseleur* (p. 97), constate que les vases exécutés au xvie siècle sont composés d'un nombre considérable de morceaux, tous ciselés séparément. Mercier, dans son *Tableau de Paris* (tome XI, p. 139), écrit : « L'orfèvre occupe une foule de graveurs, ciseleurs, guillocheurs, polisseurs et polisseuses. Tel homme, haut de cinq pieds six pouces, robuste, ne fait toute sa vie que tirer des filets sur des boîtes. Tel autre fait un trophée, celui-là grave un cachet, un chiffre... » Plus loin (p. 44 et suiv.) nous citons des *Édits royaux* qui confirment cette division du travail aussi généralement pratiquée sous l'ancien régime que de nos jours. Il ne saurait donc subsister aucun doute à cet égard.

l'aide de ces sortes d'alliages, la jonction des diverses fractions d'un même ouvrage.

Après que le corps principal de la pièce et les parties accessoires destinées à lui être réunies, ont été suffisamment achevés à l'aide du marteau, du grattoir et de la lime, on les nettoie avec soin ; on décape les endroits qui doivent être soudés, pour qu'ils soient mieux en état de se joindre avec l'alliage ; on les *boraxe* même légèrement, dans le but de faciliter aux paillons de soudure le chemin qu'ils doivent suivre ; puis on fixe les parties accessoires sur la pièce principale à l'aide de fils de fer, d'agrafes ou de petits crampons, opération qui réclame la plus méticuleuse attention. Il est indispensable, en effet, que chacun des morceaux qu'on veut souder occupe bien exactement sa place définitive, et ne puisse subir aucun déplacement au cours de l'opération. Il

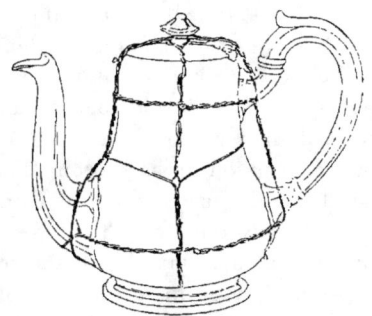

Fig. 35. — Théière avec ses diverses parties réunies et prêtes à être soudées.

faut, en outre, que cette fixité soit obtenue sans aucun excès de pression pouvant laisser une empreinte sur le métal, qui se trouve toujours quelque peu ramolli par le haut degré de chaleur auquel la pièce doit être soumise.

Une fois ces précautions prises, on humecte toutes les parties à souder avec du borax délayé dans de l'eau ; on *charge* ensuite la pièce avec la soudure, et, à l'aide d'un instrument appelé *rochoir*, on recouvre cette soudure avec du borax en poudre. Puis l'ouvrage est présenté une première fois au feu pour faire fondre le borax. Lorsque celui-ci a cessé de se boursoufler, on retire la pièce ; on s'assure que les parties attachées n'ont point été dérangées, que les paillons de soudure ont conservé leur place, et alors on soumet de nouveau la pièce à une haute température.

Jadis, pour amener la fusion de la soudure, on avait deux façons de procéder. On soudait soit au feu de la forge et au vent du soufflet, soit à *feu couvert*. Le premier procédé, de beaucoup le plus simple, n'a pas besoin, croyons-nous, d'être expliqué en détail. Il n'est personne qui n'ait vu fonctionner un feu de forge et des artisans porter au rouge blanc des barres ou des objets de métal. Le procédé du *feu couvert* est moins connu. Il consiste à installer au milieu de l'atelier une bassine en fer, autour de laquelle l'ouvrier peut facilement circuler pour aviver le feu et surveiller sa marche. Le fond de cette bassine est garni d'un lit assez épais de charbon incandescent, dont on fait un sol ardent sur lequel la pièce à souder est verticalement posée. Puis on dresse autour d'elle une sorte de petit mur fait de charbons également enflammés, percé par places par des *regards* qui permettent de suivre les effets produits par la chaleur. Quand il est nécessaire, on élève ce mur assez haut pour qu'il recouvre la pièce entière. Cela fait, l'ouvrier, armé d'un carton en forme d'éventail, tourne autour de la bassine, activant la combustion des charbons et surveillant la fusion des soudures. Dès qu'il voit celles-ci briller d'abord et couler ensuite dans les parties opposées les unes aux autres, il arrête l'opération, démolit son mur de charbon et sort la pièce soudée.

Ces façons d'agir, passablement compliquées, étaient autrefois couramment employées. Elles ne sont plus guère en usage aujourd'hui que pour les ouvrages exceptionnels. Dans nos grands ateliers d'orfèvrerie, on procède plus simplement. On dépose la pièce qu'on veut souder sur un lit de charbon éteint, garnissant une vaste bassine, et l'on se sert de chalumeaux à gaz dont la flamme, renforcée d'un jet d'air au moins aussi puissant que celui du plus fort soufflet de forge, est dirigée sur les parties qu'on veut réunir. Ce jet de flamme porte rapidement le métal au rouge et en quelques instants fait fondre la soudure.

On comprend que ces sortes d'opérations ne laissent pas que d'être délicates. Elles exigent une expérience, une sûreté de coup d'œil, une décision particulières. Lorsqu'il s'agit de grandes pièces, qui ont demandé déjà des mois de travail, l'ouvrier même très habile ne les entreprend qu'avec une certaine appréhension. Quelques degrés de température au-dessus de celle nécessaire à la fusion de la soudure, peuvent, en effet, détériorer tout l'ouvrage, sans compter que celui-ci court d'autant plus de risques qu'il est plus précieux ; car les soudures les moins fusibles sont toujours réservées pour les pièces les plus compliquées, et, en ce qui concerne ces dernières, les précautions à prendre sont d'autant plus grandes, qu'un seul objet, par suite de la multiplicité même des morceaux accessoires qui doivent être unis au corps principal, — et qui peuvent être soudés seulement les uns après les autres, — se trouve forcément soumis à un certain nombre de chauffes successives. Aussi, pour ces ouvrages difficiles a-t-on recours à des alliages de qualités différentes, en commençant toujours par faire usage de celui qui est le plus fort, c'est-à-dire qui entre en fusion à une température plus élevée. En outre, à chaque chauffe, on recouvre les parties précédemment soudées de couches assez épaisses de blanc d'Espagne, qui les isolent et les empêchent de griller lorsqu'elles subissent ensuite le degré de chaleur destiné à amener la fusion des nouvelles soudures, qu'on choisit, cette fois, de plus en plus tendres.

On recourt à des précautions analogues lorsqu'une ou plusieurs des pièces que l'on a réunies au corps principal se sont déplacées au cours de l'opération. Pour les remettre en place, il faut nécessairement les dessouder. Dans ce but, on recouvre toutes les parties de la pièce qui doivent être conservées d'une pâte faite de terre argileuse

additionnée de blanc d'Espagne, en réservant seulement le
point que l'on veut rectifier et qu'on a pris soin de gratter
préalablement et d'enduire de borax, pour que la fusion en
devienne plus facile. On doit rendre cette justice aux orfèvres que, malgré la délicatesse de ces diverses opérations
et les complications qu'elles présentent, les accidents sont
rares. A force de précautions, de prudence, de perspicacité,
ils arrivent à triompher de ces multiples difficultés ; et cette
habileté, cette sûreté d'œil et de main qu'on ne saurait
trop louer, sont chez eux en quelque sorte héréditaires,
car depuis les temps les plus obscurs du moyen âge nos
orfèvres parisiens ont beaucoup usé de soudures, et paraissent même en avoir quelque peu abusé. On pourrait
citer, en effet, de très anciennes *Ordonnances royales* visant
cet emploi abusif, soit directement, comme l'*Ordonnance*
rendue par Charles V en 1378, soit indirectement, comme
celles édictées par Louis XII, François Ier, Henri II, etc.,
en 1506, 1523, 1543, 1549, 1554, etc.

On pourrait également rappeler que, pour rester dans
les limites légalement fixées, le *remède,* c'est-à-dire la quantité d'alliage introduit par les soudures, ne devait faire
descendre l'aloi de la pièce entière que de deux grains par
marc[1], et qu'un *Édit* de 1495 ordonnait que la lettre servant de marque à chaque orfèvre fût accompagnée de deux
points, afin qu'au cours de son travail celui-ci ne perdît
jamais de vue la limite qui lui était imposée par le légis-

---

1. Le marc d'argent équivalait à 244^g,752 ; le grain, à 0^g,053.
C'était donc une tolérance de 0^g,106 par 245 grammes (chiffres ronds),
soit environ 4,25 pour 100. Le remède sur l'or était beaucoup plus
sévère. L'*Édit du roy François Ier donné à Sainte-Menehoud (sic)*, le
1er décembre 1543, était ainsi conçu :

ARTICLE PREMIER.

Premièrement que quand à l'ouvrage d'or fin, les maistres jurez de l'estat
d'orfèvrerie de nostredite ville de Paris et autres maistres orfèvres de nos
royaume, pays, terres et seigneuries, seront tenus faire les ouvrages d'or

L'ORFÈVRERIE

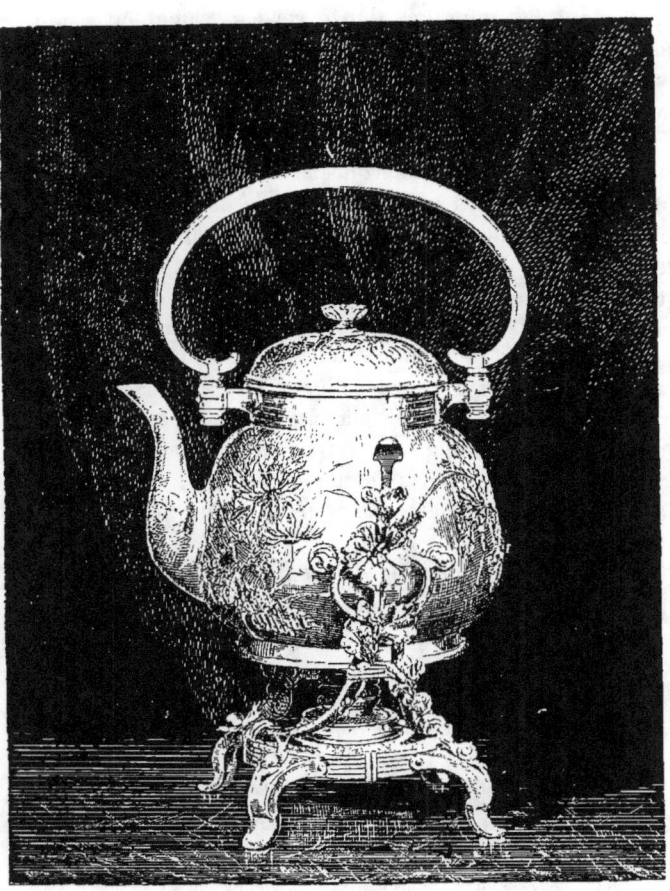

Fig. 36. — Théière décorée de chrysanthèmes,
avec ses diverses parties soudées au corps principal
(ouvrage exécuté par la maison Christofle et Cie).

lateur. Enfin l'*État* du 30 décembre 1679, réglant la manière dont les ouvrages d'orfèvrerie devaient être poinçonnés en leurs différentes parties, achève de nous édifier sur la façon dont les orfèvres, à cette époque, décomposaient les pièces principales exécutées dans leurs ateliers.

Nous y voyons que les aiguières, par exemple, devaient être marquées et contremarquées au corps, au couvercle et au collet du pied, et qu'en outre l'anse, la coquille, le bec, le suage ou moulure rajoutée et les carrés du pied devaient être marqués du poinçon du maître. De même on exigeait que les chenets fussent marqués et contremarqués aux faces des pieds, bastes, fonds, vases et pommes, et marqués du poinçon de l'orfèvre aux griffes, suppots, collets, flammes, etc. Les grandes salières fort en usage à cette époque, et qui se compliquaient généralement de flambeaux, étaient marquées et contremarquées au collet et au saleron, et si elles portaient un chandelier, aux platines, bassinets, branches, etc. On pourrait multiplier ces exemples.

Aujourd'hui, la vaisselle d'argent et d'or ne présentant plus le caractère d'une monnaie courante, ces marques et contremarques multiples ne sont plus exigées, et le légis-

auquel il n'y aura soudure, à vingt-trois carats trois quarts de carat et iceluy vendre au peuple à raison de huit vingt-trois livres (163 livres) treize sols le marc; l'once, gros, denier et grain, à l'équipolent.

ARTICLE II.

Et quant à l'ouvrage d'or fin, qui est à vingt-trois carats trois quarts auquel il y aura soudure, auront lesdits orfèvres un quart de carat de remède, tellement qu'ils seront tenus faire ledit ouvrage à vingt-trois carats et demy pour le moins.

ARTICLE III.

Et quant à l'ouvrage d'or à vintg-deux carats auquel il n'y aura soudure, n'auront les-dits orfèvres aucun remède, mais à l'ouvrage plain et massif auquel entrera soudure, auront un quart de carat de remède; et en ouvrages creus et chargés de filets et de rapport, pourront avoir demy carat d'or fin de remède.

D'après cette *Ordonnance*, le remède pour l'orfèvrerie d'or était d'un quart de carat, soit seulement de 1 pour 100. Il est vrai que l'*Édit* de 1543 fut adouci par la suite.

lateur a cessé de se montrer aussi rigoureux sur le *remède*, c'est-à-dire sur l'abaissement que les soudures font subir au titre de l'alliage. Il convient d'ajouter, à l'honneur de notre industrie nationale, qu'aucun orfèvre français digne de ce nom n'est capable de souder au corps d'une pièce exécutée en argent d'un titre élevé, des fragments d'un aloi inférieur, ni de *fourrer*[1] certaines parties de l'ouvrage afin d'en augmenter le poids au détriment de la qualité.

L'exécution des soudures est une des dernières opérations auxquelles procède l'orfèvre. Quand les diverses parties qu'il s'agissait de réunir ont passé sous la flamme du chalumeau, on laisse refroidir la pièce; on détache les fils de fer, on enlève les crampons, puis, par un décapage sommaire, on fait disparaître le borax, et l'on peut alors constater si la soudure a coulé partout où elle devait pénétrer. Ensuite on fait tomber, soit avec une lime ou un rifloir, l'alliage qui se trouve en excédent. Après quoi, l'on donne au métal le degré de poli convenable, et la pièce passe entre les mains des ciseleurs chargés de l'achever.

Peut-être s'étonnera-t-on que nous ayons parlé à cette place de cette opération presque finale, et que nous n'ayons pas commencé par décrire certaines autres façons préliminaires que reçoit le métal. Mais il nous a paru utile d'établir tout d'abord que le procédé fondamental de simplification, point de départ de toutes les autres applications économiques, résidait dans la faculté qu'ont les orfèvres de fragmenter leurs grandes pièces et ensuite de les reconstituer à l'aide de soudures.

1. On dit des pièces creuses dont les cavités ont été remplies avec un alliage de qualité inférieure, qu'elles ont été fourrées.

VII

LE COQUILLÉ. — L'EMBOUTISSAGE ET L'ESTAMPAGE AU MOUTON.

Dès le moyen âge, peut-être même dès l'antiquité, les orfèvres eurent également recours, pour l'exécution de pièces relativement importantes, à un certain nombre d'autres méthodes à la fois économiques et rapides. Ils s'appliquèrent notamment à remplacer par des moyens mécaniques le travail du *repoussé,* toujours long et difficile. Le plus ancien des procédés employés dans ce but paraît avoir été le *coquillé.*

Nous avons vu plus haut comment on moule les métaux précieux, en les coulant dans une chape de sable portant intérieurement l'empreinte du modèle que l'on entend reproduire. Lorsqu'il s'agit de fabriquer une pièce au coquillé, ce n'est plus le modèle qu'on jette en métal, mais le moule lui-même, et l'on exécute ainsi en cuivre jaune ou en fonte de fer une série de bons creux. Puis, sur ces bons creux on applique des lames de métal plus ou moins épaisses; avec la bouterolle et le marteau on frappe ces feuilles, et on les force à épouser exactement la forme de chaque fraction du moule[1]. On réunit ensuite par des soudures ces diverses parties, et l'on obtient ainsi des reliefs ou des rondes bosses qui, repris extérieurement au ciselet, peuvent devenir des œuvres d'art remarquables.

---

1. Pour les très vastes ouvrages en bronze, au lieu de bons creux en métal, qui seraient trop coûteux, on se sert de grands mandrins en bois qui remplissent le même office. La statue de la *Liberté* de M. Bartholdi et les *chevaliers* qui couronnent le faitage de l'hôtel de ville de Paris ont été exécutés sur des mandrins de bois.

L'ORFÈVRERIE   49

Ce procédé paraît avoir été régulièrement employé par les orfèvres à partir du XIIIe siècle et remonte vraisemblablement à une époque très antérieure. La statue de l'*Abondance* trouvée à Saint-Puits (Yonne) et qui, exécutée en bronze, a été recouverte d'une feuille d'argent façonnée au marteau; le masque de Minerve provenant du trésor de

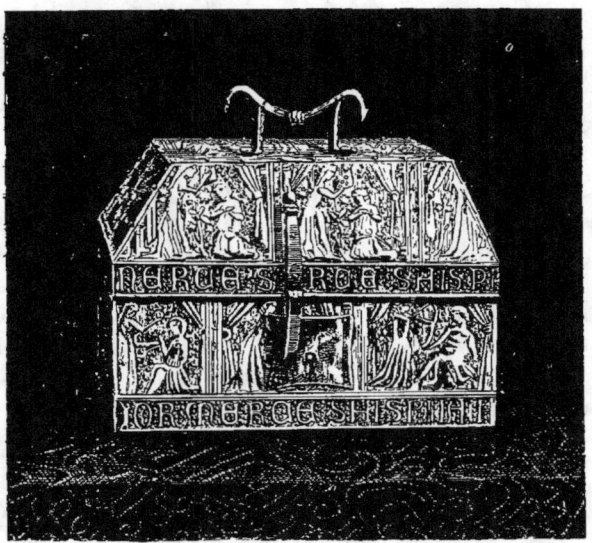

Fig. 37. — Petit coffret du XIVe siècle revêtu de plaques obtenues au *coquillé*.

Notre-Dame d'Alençon, mis au jour en 1836, semblent obtenus par ce moyen, qui ainsi aurait été connu des Gallo-Romains[1]. Pour un grand nombre de châsses, de bustes-reliquaires, de bras et même de statues très anciennes décorant nos églises, il n'y a pas d'hésitation possible. On a pu voir, du reste, à l'Exposition rétrospective de 1878, une statue en vermeil représentant un *Diacre* et appartenant à la collection Bazilewski, et à l'Exposition de l'*Union cen-*

1. Ces curieux objets sont conservés au Louvre, dans la *Salle des bijoux antiques*.

trale en 1880 un *Christ* et un *Saint Sébastien*, prêtés le premier par M. Dupont-Auberville, le second par M. Target, qui, tous trois, avaient été confectionnés au coquillé.

Les avantages qu'offre ce genre de travail sont de deux sortes. En premier lieu, l'exécution est plus rapide et par conséquent moins coûteuse. Toutefois, par suite de la fabrication des moules, qui reste assez dispendieuse, l'économie demeure peu sensible lorsque les pièces sont reproduites seulement à un ou deux exemplaires. Par contre, elle devient considérable quand, au lieu de fabriquer des bustes ou des statues en ronde bosse, il s'agit de pièces de vaisselle courante, d'ornements de chandeliers, de plaques destinées soit à l'ameublement, soit à la décoration de cassettes ou de coffrets (voir fig. 37), et dont on tire des quantités d'épreuves.

A ce premier avantage le coquillé en joint un second plus précieux encore : c'est de pouvoir, dans bien des cas, suppléer à l'insuffisance de l'interprète. Avec les procédés ordinaires du repoussé, l'auteur du modèle reste à la discrétion de l'orfèvre chargé de traduire son œuvre. Dès qu'on emploie le coquillé, il n'en est plus de même. Les bons creux, en effet, servent au repousseur de guides immuables pendant toute la durée de son travail. L'exécutant a bien encore besoin d'une solide éducation technique, d'une forte dose d'habileté et de beaucoup d'application et de soin. Il importe qu'il sache ménager et conduire son métal, mais il n'est plus nécessaire qu'il soit lui-même un statuaire expérimenté. Sa part de collaboration devient ainsi quelque peu mécanique, et c'est cette dernière considération qui, dans la fabrication au coquillé, amena les orfèvres, surchargés de commandes, à substituer peu à peu l'action violente du *mouton*, au travail plus lent de la bouterolle frappée par le marteau du repousseur.

Dans l'industrie on donne le nom de *mouton* à une masse de fer ou de bois garni de fer qu'on élève à une certaine hauteur à l'aide d'une machine à coulisses appelée *sonnette*, et qu'ensuite, au moyen d'un déclic, on laisse brusquement retomber. Supposons que sous un appareil de ce genre on dispose un de ces moules en creux dont nous parlions à l'instant, et que ce moule soit recouvert d'une feuille de métal : le choc produit par cette masse, dont la pesanteur va se trouver multipliée par la vitesse acquise au cours de sa descente[1], forcera la feuille métallique à épouser les contours intérieurs du moule, et grâce à ce choc on obtiendra d'un seul coup une empreinte qui aurait nécessité, au repoussé, un travail relativement long et toujours difficile.

Dans la réalité, toutefois, les choses ne se passent pas aussi rapidement et aussi simplement que cette description un peu trop sommaire pourrait le laisser croire. En premier lieu, pour que la feuille de métal soit également refoulée dans tous les creux du moule, il est indispensable que le mouton offre la contre-partie de ces creux. Lorsqu'il s'agit seulement d'emboutir le fond uni d'une casserole, d'une cafetière, d'une saucière, d'un gobelet, on arme le *sommier* du mouton d'un mandrin dont la saillie correspond avec la cavité présentée par le moule. Mais lorsque la matrice comporte des dessins intérieurs plus ou moins mouvementés; quand elle est, par exemple, goderonnée, cannelée ou enrichie d'un ornement quelconque, l'orfèvre procède d'une façon différente. Il dispose son moule à la place exacte qu'il doit occuper; puis il coule dans ce moule un alliage composé de plomb, d'étain et d'antimoine, et quand cet alliage est suffisamment refroidi, il laisse tomber brusquement le mouton. Celui-ci, armé de crampons qui pénètrent dans le métal coulé, emporte avec lui, quand on le remonte, l'alliage qui a gardé l'empreinte exacte du moule, et c'est de cette empreinte qu'on se sert comme de contre-partie.

1. Le poids des moutons employés par les orfèvres varie entre 80 et 200 kilogrammes. Ces appareils sont mus aujourd'hui par la vapeur, ce qui en rend le maniement extrêmement facile.

Lorsque le galbe qu'on veut imposer à la feuille de métal est simplement convexe d'un côté et concave de l'autre, qu'il est, en outre, uni et sans ornements, l'opération prend le nom d'*emboutissage*. Elle s'appelle *estampage* quand la feuille, en même temps qu'elle est emboutie, reçoit une décoration en relief. L'emboutissage s'obtient assez généralement en une fois. Un seul coup de mouton suffit pour imprimer au métal la forme qu'on désire lui faire prendre. Mais quand le moule présente une cavité trop accentuée, comme ce serait risquer de crever la feuille de métal que de l'obliger du premier coup à épouser les contours de cette cavité, on procède prudemment par opérations successives, c'est-à-dire qu'on frappe cette pièce avec une suite de mandrins de plus en plus saillants, correspondant à des matrices de plus en plus creuses, et le métal ainsi battu adopte progressivement une forme se rapprochant davantage de celle qu'on veut lui faire prendre, jusqu'à ce qu'un dernier choc du mouton achève de lui donner son galbe définitif.

Enfin, n'oublions pas de rappeler que, pour augmenter l'élasticité du métal, et pour le mieux disposer à obéir à la brusque pression de cet appareil un peu brutal, on a soin, avant chaque coup de mouton, de donner une forte *chauffe* à la feuille qu'on travaille. Mais le mouton n'est pas la seule machine-outil dont on se sert pour emboutir et estamper. On emploie également le balancier, qui, avec moins de violence, produit des résultats aussi rapides et plus satisfaisants à divers égards.

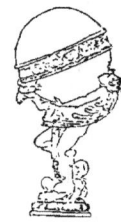

VIII

L'EMBOUTISSAGE ET L'ESTAMPAGE AU BALANCIER

La forme du balancier et la manière dont il fonctionne sont suffisamment connues pour que nous n'ayons pas besoin de décrire cet appareil. On sait également qu'inventé par Nicolas Briot, aux environs de 1625, et exclusivement destiné, dans le principe, à la frappe des monnaies, le balancier ne fut pas adopté chez nous avant 1645. Depuis lors il est demeuré d'un constant usage, et la finesse du relief aussi bien que la netteté des empreintes obtenues grâce à lui, sur nos monnaies ou médailles d'or, d'argent et de bronze, attestent assez sa puissance et la parfaite régularité de son fonctionnement.

Il était naturel que les orfèvres cherchassent à utiliser un auxiliaire aussi précieux. Toutefois, il ne paraît pas que dans la fabrication de l'argenterie on se soit régulièrement servi du balancier avant la seconde moitié du xviiie siècle. Encore ne l'employa-t-on, tout d'abord, que pour le façonnage des couverts et pour la décoration de quelques ouvrages soignés. C'est au balancier que furent découpés et estampés ces petites frises, ces grecques, ces rosaces, ces palmettes, ces médaillons surajoutés qui décorent l'orfèvrerie du temps de Louis XVI et de l'Empire, et tous ces ornements, rais de cœur, postes, feuilles d'eau, etc., dont la parfaite régularité et la constante répétition communiquent aux ouvrages de cette période une monotonie si particulière et une sécheresse en quelque sorte typique.

Depuis lors, et grâce aux progrès de la mécanique, le balancier a pris une place relativement considérable dans l'industrie, et on l'emploie couramment pour un certain nombre de travaux. En outre, l'adaptation de la vapeur à son fonctionnement a permis de réduire ses dimensions, jadis très encombrantes, en même temps qu'elle donnait à l'opérateur le moyen de guider sa marche, de régler son effet, de varier son action, en un mot de proportionner l'énorme pression dont il est capable au résultat souvent très délicat qu'on en veut obtenir.

Le balancier, en effet, ne procède pas comme le mouton.

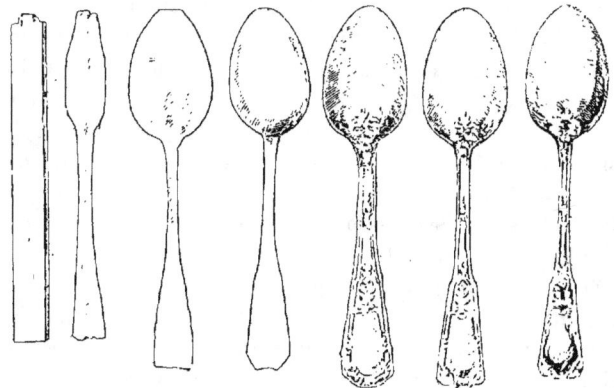

Fig. 38 à 44. — Passes successives d'une cuiller forgée sur le tas, bouterollée et achevée au balancier.

Il n'agit pas d'une manière violente et brutale, en fournissant d'un seul coup tout ce qu'il peut donner. Son action, au contraire, est lente et progressive. Au lieu de refouler brusquement le métal, il l'étire, l'allonge, l'étend et le force, par une pression continue et que l'opérateur peut toujours modérer ou suspendre, à adopter la forme qu'on désire. Aussi cette faculté de conduire l'appareil et d'en régulariser l'effort, permet-elle de s'y reprendre à plusieurs fois pour exécuter des ouvrages compliqués, et d'obtenir ainsi des effets que le mouton ne saurait fournir.

L'ORFÈVRERIE

Nous venons de dire qu'un des premiers emplois pour lesquels on utilisa le balancier fut la confection des couverts. C'est seulement à la fin du XVIIe siècle, qu'on a commencé de fabriquer les fourchettes en nombre[1]. Quant aux cuillers, elles sont aussi anciennes que la soupe, dit plaisamment le comte Léon de Laborde. Dans le principe, on façonnait ces dernières en forgeant le métal sur le tas ou sur la bigorne, et l'on emboutissait le cuilleron sur un man-

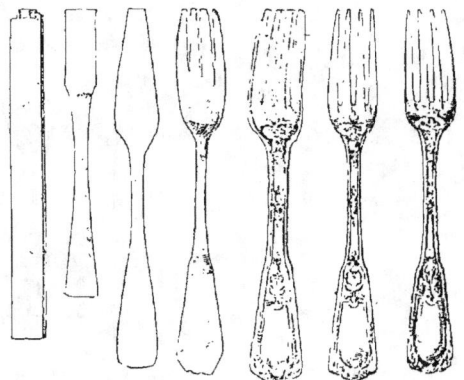

Fig. 45 à 51. — Passes successives d'une fourchette forgée sur le tas et achevée au balancier.

drin ou sur une bouterolle appropriée. En outre, lorsque le manche comportait des ornements, qu'il était, par exemple, orné de filets, ceux-ci étaient poussés au burin ou obtenus à l'aide de poinçons. Ces façons, on le comprend, étaient longues et coûteuses, sans compter que le travail, toujours un peu hâtif, ne présentait qu'une régularité fort relative. Aussi l'orfèvre était-il obligé de faire longuement réparer à la lime et au rifloir la plupart de ses couverts avant de les

---

1. Voir *Glossaire du moyen âge*, p. 238, et, sur l'adoption des fourchettes, le *Dictionnaire de l'ameublement*, tome II, col. 826 et suiv.

mettre en vente, — ce qui lui occasionnait un surcroît de main-d'œuvre, et par conséquent de dépenses.

Le développement considérable pris au XVIIIe siècle par la fabrication de ces ustensiles, que nous considérons aujourd'hui comme de première nécessité, conduisit les fabricants à rechercher des procédés plus rapides et moins coûteux. C'est alors qu'on eut recours au balancier. On commençait, comme précédemment, par préparer les fourchettes et les cuillers à la forge et suivant un calibre ar-

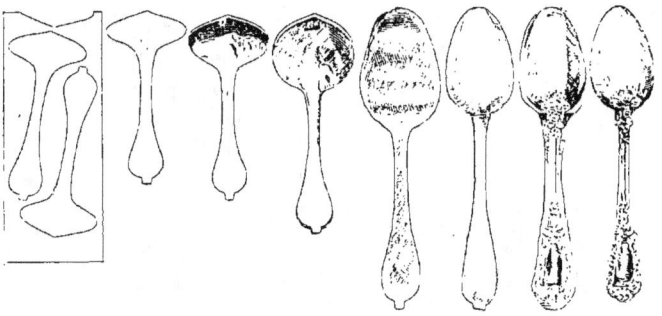

Fig. 52 à 59. — Passes successives d'une cuiller fabriquée à la machine.

rêté ; puis on les soumettait à l'action du puissant appareil, qui achevait de leur donner leur forme, cambrait les manches, arrondissait les dents ou le cuilleron, et finalement imprimait les filets ou tels autres ornements dont on jugeait à propos de les décorer. En sorte que cuillers et fourchettes sortant du balancier n'avaient plus besoin que d'être légèrement réparées, finies et brunies ; ce qui constituait déjà, comme temps et comme dépense, une économie très sensible.

Mais une fois en si bonne voie, on ne devait point s'arrêter. Des hommes particulièrement ingénieux, parmi lesquels il faut citer Jalabert, Krupp, J.-N. Ferry, et surtout

L'ORFÈVRERIE

Allard et Levallois, ont progressivement amené cette fabrication à un point de simplicité et de perfection qu'on n'aurait même pas soupçonné au commencement de ce siècle. Aujourd'hui, ce n'est plus seulement par l'estampage au balancier, mais encore par une sorte de laminage préalable que l'on arrive à produire, avec une rapidité sans précédent, des couverts qu'on peut presque qualifier de parfaits.

Pour cela, on prépare des plaques d'argent, dont l'épaisseur varie naturellement suivant la force et la nature des

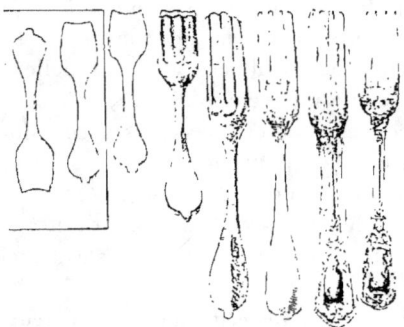

Fig. 60 à 66. — Passes successives d'une fourchette fabriquée à la machine.

couverts. Quand le modèle est uni, le flan n'a pas besoin d'être beaucoup plus épais que le couvert lui-même. Si, au contraire, le modèle porte des rinceaux, cartouches ou filets, on proportionne son épaisseur au relief que doivent former ces ornements. On lamine les plaques pour leur donner une régularité et une homogénéité aussi complètes que possible. Puis l'orfèvre les débite en bandes de largeur convenable, de façon qu'on puisse découper dans ces bandes, et avec le moins de perte possible, les flans d'une série de fourchettes ou de cuillers disposées tête-bêche (voir fig. 52 à 66). Une fois ces flans obtenus, on les met en contact avec une machine extrêmement ingénieuse, formée de deux blocs semi-circulaires qui oscillent sur deux axes et exécutent ainsi un mouvement constant de va-et-vient. Chacun de ces fragments de cylindre est armé d'une matrice. Le flan saisi par l'appareil est soumis à une pression considérable, qui étire le métal, lui impose sa forme et imprime des deux côtés les reliefs, filets ou ornements dont on juge à propos de le décorer. Cette opération très curieuse semble, à la description, d'une grande simplicité. En réalité, elle est très délicate et ne peut s'exécuter qu'à l'aide d'appareils construits avec une précision irréprochable. En outre, elle ne s'achève pas en une fois. Le flan doit passer par plusieurs épreuves successives, — en moyenne cinq. — Chacune des matrices avec lesquelles il est mis en contact présente un creux différent, et c'est seulement par l'effort progressif de ces passages successifs que l'ouvrage est amené à son point de perfection. Cette première opération terminée, il ne reste plus qu'à cambrer les manches, à courber les dents des fourchettes et à bouteroller les cuillerons. Ces dernières façons s'exécutent au balancier.

On comprend qu'un procédé aussi ingénieux permette d'obtenir à très bon compte des pièces d'une uniformité presque absolue. Une fois l'appareil construit, on peut, en effet, sans autre dépense que les frais de gravure des matrices, arriver à donner aux flans les décorations les plus variées. Mais ces machines coûtent extrêmement cher, comme frais de premier établissement, et leur bon fonctionnement nécessite une mise en train considérable. Il n'est donc possible d'en faire usage que pour les modèles en quelque sorte classiques, et qui se fabriquent par quantités.

Nous avons dit, dans notre précédent chapitre, que le mouton servait également à estamper des pièces portant des reliefs plus ou moins compliqués. Nous venons d'ajouter, en parlant du balancier, que ce nouvel appareil rendait des services analogues à l'orfèvre. Il nous faut constater, avant de terminer, qu'avec le balancier, aussi bien du reste qu'avec le mouton, l'estampage ne doit pas comporter des reliefs trop profonds ou des cavités trop fouillées. Pour que l'opération réussisse, il est indispensable que, dans l'un comme dans l'autre cas, la pièce soit *de dépouille*, c'est-à-dire que les saillies dont le mouton ou le balancier porte l'empreinte, après être entrées dans les creux du moule, en sortent librement. Il est facile de comprendre, en effet, que le moule, s'il présentait des cavités latérales, retiendrait le métal, et qu'on ne pourrait plus dégager ni l'appareil ni la plaque. Le même inconvénient se produirait si l'on voulait emboutir une forme plus évasée à la base qu'au sommet. On ne peut donc exécuter à l'aide du mouton ou du balancier que des pièces peu fouillées et creusées verticalement. Pour obtenir mécaniquement des vases à goulot ou des ornements formant des cavités latérales, il faut recourir à d'autres appareils. Dans ce cas, on fait généralement usage du *tour* et des *mandrins brisés*.

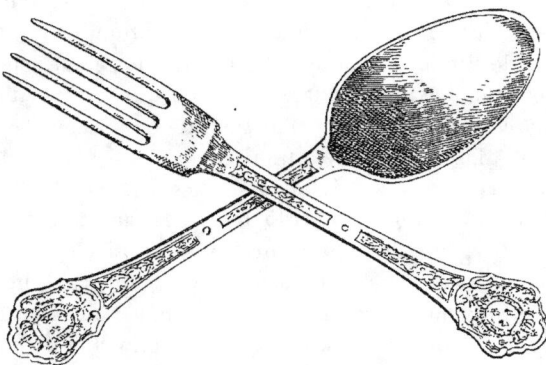

Fig. 67. — Couvert du roi Louis XIV, d'après un dessin du temps, conservé au Cabinet des estampes.

IX

LA FABRICATION DE LA VAISSELLE AU TOUR

On donne d'une façon générale le nom de tour à des appareils qui, au moyen d'un mouvement rapide de rotation imprimé à une masse plus ou moins dure, mais toujours résistante, communiquent à cette masse une forme arrondie. La construction des différentes espèces de tours varie naturellement suivant la nature de la matière mise en œuvre, et suivant le genre de façon qu'on entend lui donner. Ce qui distingue toutefois ces appareils des machines-outils ordinaires, et notamment de celles dont nous avons parlé dans nos précédents chapitres, c'est qu'au lieu de se mouvoir pour aller travailler la matière, c'est, au contraire, cette dernière qui se déplace, et qui, décrivant une évolution rapide, vient chercher le contact de l'outil.

L'emploi du tour est des plus anciens et se perd dans la nuit des âges. Pline attribue son invention à Phidias. Diodore de Sicile, remontant beaucoup plus haut, en fait honneur à un neveu de Dédale nommé Talus. La vérité est que l'on connaît assez mal l'origine de ce précieux outil, qui, depuis la plus haute antiquité, n'a cessé de rendre à l'art industriel les plus signalés services. Il ne paraît pas, cependant, que l'application du tour à la fabrication de la vaisselle d'argent soit antérieure au XVIIe siècle. Dans le principe même on ne semble pas en avoir fait grand usage. Au siècle suivant, l'argenterie ayant commencé de se contourner fortement, de nombreux perfectionnements durent être introduits dans la construction de notre appareil. Sous le nom de *tours à l'anglaise,* on exécuta des *tours à la main,* fort ingénieusement combinés et qui permirent de chantourner presque sans effort ces plats et ces assiettes dont la forme gracieuse est demeurée classique[1]. Enfin, depuis cinquante ans, l'application de la vapeur à la mise en action des machines-outils a développé singulièrement l'usage de cet appareil, et achevé de rendre à la fois facile et rapide la fabrication de la vaisselle au tour.

Notre figure 68, qui reproduit, d'après une gravure du siècle dernier, un tour à l'anglaise portant une assiette à peu près achevée, montre quelles étaient alors la forme et la disposition de ces sortes d'instruments. Ceux en usage à l'heure actuelle, quoique plus savamment combinés, ne diffèrent pas de ce modèle dans leurs parties essentielles, et les opérations successives auxquelles ils donnent lieu sont demeurées à peu près les mêmes.

Pour faire mieux comprendre la nature et l'étendue des services que l'orfèvre demande à ce genre de machine, nous allons rappeler ici en quelques mots la manière dont on façonne la vaisselle plate au marteau. Nous parlerons ensuite de la fabrication au tour. Le rapprochement des deux modes d'opérer fera plus facilement saisir les avantages que chacun d'eux présente.

Lorsqu'on veut fabriquer au marteau un plat ou une assiette, on commence par forger une plaque rectangulaire de dimensions et d'épaisseur convenables. On forge ensuite une baguette proportionnée comme grosseur à l'importance que doit avoir la moulure[2]. On fait passer cette baguette dans une filière dont le calibre est taillé suivant un profil

---

1. Une annonce insérée dans les *Annonces, Affiches et Avis divers* du 12 août 1779 offre « A vendre un tour à l'anglaise pour contourner la vaisselle d'argent ronde et ovale… et si doux qu'un enfant peut le faire aller ».
2. Nous croyons inutile de rappeler que la moulure dont on borde les assiettes et les plats ne constitue pas simplement un ornement plus ou moins riche. Elle a aussi pour effet de renforcer le bord extérieur de l'objet sur lequel on l'applique et d'augmenter ainsi la durée de cet objet.

arrêté d'avance. Une fois la moulure tirée, on la contourne de façon qu'elle suive exactement le bord du plat ; on la soude, puis on fait tomber les parties de métal qui dépassent extérieurement ; on ébarbe à la lime ; les excédents de soudure sont enlevés au burin ; et cela fait, on remet la pièce au planeur. Celui-ci, à l'aide de divers marteaux à planer, forme d'abord le *marli* du plat, c'est-à-dire la partie qui borde intérieurement la moulure. Le marli achevé, la moulure est reprise à l'échoppe, au rifloir, au burin, puis polie, et le planeur ressaisit la pièce, attaque le fond et l'amène au degré de profondeur voulu, sans employer d'autres outils que les divers marteaux dont il fait habituellement usage.

Ce travail, on le voit, s'il est théoriquement assez simple, ne laisse pas que d'être assez long. L'emploi du tour a pour objet de le rendre beaucoup plus rapide. Les préliminaires, dans les deux cas, sont à peu près les mêmes. Comme pour le façonnage à la main, on prend une plaque rectangulaire de taille convenable. Sur cette plaque on fixe, à l'aide de la soudure, une baguette proportionnée à l'importance de la moulure qu'on veut avoir et qu'on a préalablement recourbée de façon à lui faire décrire exactement la forme de l'assiette ou du plat. Après quoi l'on fait tomber aux cisailles ou à la scie ce qui dépasse extérieurement ; on ébarbe les bords à la lime ; on enlève l'excès de soudure qui a coulé, et, ces préparations achevées, on fixe la feuille de métal sur un mandrin présentant exactement la forme et le creux de la pièce que l'on veut exécuter.

Ce mandrin, ainsi garni, est ensuite monté et exactement centré sur un plateau qu'on fixe à l'extrémité de l'arbre du tour, puis l'appareil est mis en mouvement. L'ouvrier, alors, appuie de toutes ses forces contre la plaque avec des outils de différents calibres qui, par une pression continue, étirent le métal, le refoulent et finalement le forcent à se creuser suivant la cavité que présente le mandrin et à en

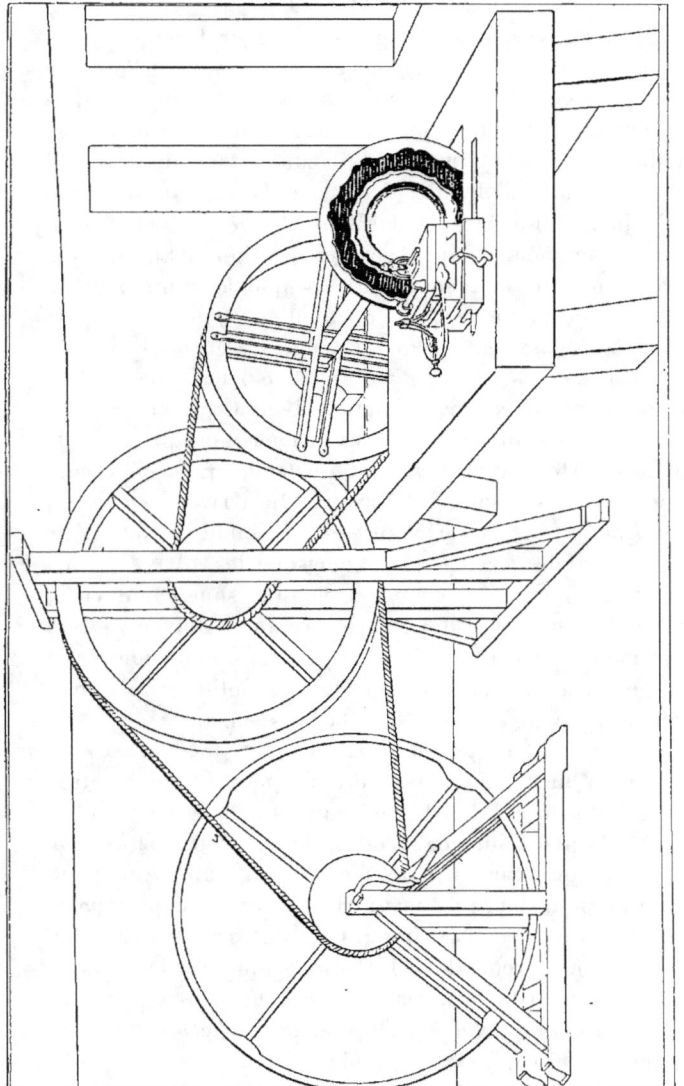

Fig. 68. — Ancien tour à main, dit *tour à l'anglaise*, d'après une gravure du siècle dernier.

épouser progressivement le galbe. De cette façon, le marli et le fond se trouvent régulièrement formés, et l'ouvrier n'a plus à s'occuper que des moulures. Pour celles-ci, il se sert d'un ciseau muni d'un très long manche, et dont l'extrémité fortement trempée est découpée suivant le profil qu'il se propose d'obtenir. Ce ciseau est fixé sur un porte-outil ajusté lui-même à l'établi, de manière qu'en faisant avancer lentement la lame, celle-ci égratigne d'abord, puis mord le métal et le racle jusqu'à ce que le contour de la moulure se dessine avec une complète netteté.

On peut également, par ce procédé, agrémenter la moulure d'ornements plus ou moins riches, tels que perles, godrons, rais de cœur, palmettes. Il suffit, pour cela, de substituer au tranchant du ciseau l'énergique pression de molettes fortement trempées et portant, gravé en creux, le motif que l'on souhaite d'avoir. On arrive de la sorte, sans grands frais, à varier presque à l'infini les façons de l'argenterie de service. Enfin, lorsque les plats, au lieu d'offrir un bord simplement circulaire, sont contournés, comme les moulures dont on les renforce doivent suivre exactement leur contour extérieur, on est obligé, pour cela, de recourir à quelques complications d'outillage que nous allons essayer de décrire d'une façon sommaire.

Quand on fait usage du tour à main, la pièce n'est plus montée sur un mandrin à bord uni, mais sur une platine de conduite dont le bord extérieur est échancré suivant le contour du plat lui-même. L'outil, de son côté, est fixé sur un support qui, par suite du mouvement d'un excentrique relié à un petit arbre de manivelle, subit un déplacement latéral de va-et-vient (voir fig. 68), en sorte que, le tour étant mis en marche, l'outil ne trace plus sur le plat une circonférence ordinaire, mais une courbe ondulée et dont les ondulations se trouvent elles-mêmes réglées par la platine de conduite qui sert de guide à l'appareil.

Dans les grands ateliers où sont installés des tours à vapeur, on procède d'une manière moins ingénieuse assurément, mais plus expéditive. On découpe et on façonne au balancier la moulure suivant le contour et le profil qu'elle doit avoir. Puis on la soude au plat ou à l'assiette. Après quoi, on détache la partie de la plaque débordant au dehors et l'on répare le tout, arrondissant le bord à la lime, enlevant l'excès de soudure, ravivant, s'il y a lieu, les reliefs au burin; et cela fait, on livre la plaque au tourneur, qui lui donne la forme souhaitée.

Mais le tour ne sert pas seulement à façonner la vaisselle plate. Il est également employé pour emboutir les pièces creuses et préparer la vaisselle montée. Dans ce cas, on fait usage d'une succession de mandrins de plus en plus profonds, dont on force, par la pression, la plaque à adopter successivement les formes de plus en plus concaves, en ayant soin, à chaque changement de mandrin, de donner une chauffe au métal pour qu'il reprenne son élasticité. Enfin, grâce à l'appareil que nous décrivons, l'orfèvre peut exécuter rapidement des pièces compliquées ou présentant des cavités latérales *hors de dépouille,* qu'il ne saurait fabriquer ni avec l'aide du mouton ni avec celle du balancier. Pour

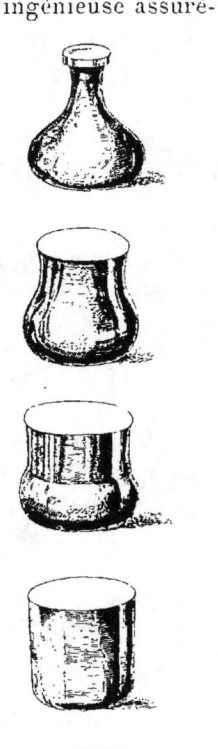

Fig. 69 à 74. — Passes successives d'un flacon façonné au tour et au mandrin brisé.

obtenir ce résultat, il a recours, nous l'avons dit, à l'emploi de mandrins spéciaux, faits de bois dur ou de cuivre jaune, et auxquels on donne le nom de *mandrins brisés*. Ces mandrins, de calibre et de contours naturellement très variables, sont formés d'un noyau légèrement conique, un peu plus évasé au sommet qu'à la base. Ce noyau est enveloppé par une série de pièces indépendantes s'emboîtant les unes dans les autres, et dont la réunion constitue le contour qu'on entend imposer au métal. Ces pièces sont retenues au collet du noyau, par un fil toujours facile à rompre. Une fois que, par une pression lente, progressive et sagement conduite, l'ouvrier a fait prendre à la feuille de métal sa forme définitive, il tranche le fil, dégage le noyau, et ensuite enlève séparément les pièces de contour qui sont demeurées dans l'ouvrage. Ainsi, grâce à ces mandrins, non seulement le tourneur peut façonner couramment des pièces godronnées, à parois renflées et saillantes, mais il peut même *restreindre* le métal et former des vases à goulot (voir fig. 69 à 74), à condition toutefois que ce dernier soit assez évasé pour que le noyau se dégage sans effort. On voit par là de quelle utilité le tour peut être, lorsqu'il est manié par des mains habiles.

Telles sont — résumées aussi brièvement que possible — les principales opérations auxquelles les orfèvres ont recours et les principaux procédés qu'ils emploient pour rendre plus rapide et moins coûteuse la confection des ouvrages d'argenterie courante. Est-ce à dire que, grâce à ces combinaisons mécaniques, assurément fort ingénieuses, la machine soit parvenue à suppléer d'une façon complète, absolue, la main et le coup d'œil de l'homme? Il serait téméraire de le prétendre. Rien, en effet, ne vaut, pour l'argent, ce martelage habile qui, tout en lui faisant revêtir les formes les plus variées, le consolide en quelque sorte et le raffermit. Le marteau savamment manié par un ouvrier expérimenté, augmente les qualités du métal; il en resserre les molécules; il développe sa résistance et accroît sa densité. Le tour, au contraire, — aussi bien que le mouton ou le balancier, — l'appauvrit et l'étiole. Suivant une expression de Froment-Meurice, recueillie par Charles Blanc[1], « le tour exténue, le marteau est nourrissant ». Les orfèvres, du reste, se rendent si bien compte de cette défectuosité relative du travail effectué par les machines-outils, que souvent, après avoir préparé une pièce à l'aide du mouton ou du tour, ils la font de nouveau passer au marteau pour redresser les fibres du métal, pour en fermer les pores trop relâchés et redonner à la matière alanguie un peu de la fermeté et de la vaillance qu'elle a perdues. Cette opération, qui s'exécute avec un maillet de bois, a même un nom spécial. Elle s'appelle le *tapotage*.

Il convient, en outre, d'observer que les pièces façonnées directement par l'ouvrier et repoussées sur la bigorne, conservent dans leur aspect général une souplesse d'exécution, un gras dans le rendu, une ampleur et une liberté de facture, qui contrastent heureusement avec la froide régularité des pièces obtenues mécaniquement. Il n'est pas jusqu'au ton du métal qui ne soit différent. Le martelage, en resserrant ses molécules, donne à celui-ci un éclat particulier, une beauté d'aspect unique, et l'argent plané est beaucoup plus agréable à l'œil que l'argent poli. Cette indiscutable supériorité suffirait, à elle seule, à expliquer comment toutes les pièces d'orfèvrerie vraiment artistiques sont toujours repoussées au marteau. Une autre raison qui oblige à agir ainsi, c'est que pour les objets compliqués l'établissement de matrices spéciales et de mandrins particuliers coûterait extrêmement cher, et l'orfèvre ne pourrait rentrer dans ses frais, souvent considérables, qu'à la condition d'exécuter, d'après chacun de ses modèles, un nombre

---

1. *Grammaire des arts décoratifs*, p. 283.

68 L'ORFÈVRERIE

assez considérable d'exemplaires. Or, autant la consommation de l'argenterie ordinaire est importante, autant est rare l'acquisition des pièces qui sortent du courant. Cela est si vrai, que certains des procédés que nous venons de décrire n'ont guère été usités jusqu'à présent, en France, que dans l'orfèvrerie d'imitation, la vente des pièces en métal précieux étant, dans la plupart des cas, insuffisante pour permettre aux fabricants l'installation d'un outillage très compliqué, par conséquent fort coûteux, et dont le bon fonctionnement comporte, en outre, une mise en train particulièrement longue.

Toutes les opérations dont nous nous sommes occupé jusqu'à présent ont pour objet de donner aux métaux précieux les différentes formes qui conviennent le mieux aux emplois pour lesquels on les réserve. Nous allons, dans le prochain chapitre, passer en revue les principaux de ces emplois, et dire quelles sont les lois fondamentales auxquelles les formes des pièces d'orfèvrerie doivent répondre pour être à la fois agréables et commodes.

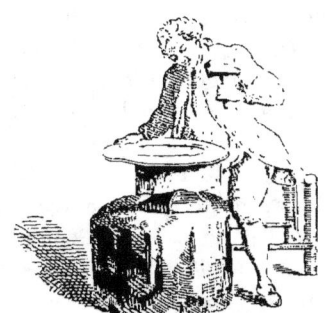

Fig. 75. — Planeur dressant le marli d'un plat, d'après une gravure de l'*Encyclopédie*.

X

DES EMPLOIS POUR LESQUELS LES MÉTAUX PRÉCIEUX SONT PLUS SPÉCIALEMENT RÉSERVÉS, ET DES RÈGLES QUE DOIVENT OBSERVER LES ORFÈVRES DANS LE CHOIX ET LA DISPOSITION DES FORMES A DONNER A LEURS OUVRAGES.

Les qualités spéciales que nous avons énumérées dans nos deux premiers chapitres feraient employer l'or et l'argent à la confection d'un nombre incalculable d'objets mobiliers, si la rareté de ces deux métaux et leur prix élevé n'obligeaient ceux qui les mettent en œuvre à les réserver presque exclusivement pour un certain nombre d'usages auxquels ils conviennent d'une façon toute particulière. Nos lecteurs savent qu'il n'en fut pas toujours ainsi. Durant tout le moyen âge, et à des époques plus récentes, — au xviie siècle notamment, — lorsque Louis XIV s'efforçait d'éblouir le monde par sa magnificence, on vit à Paris et à Versailles des ameublements entiers exécutés en argent et en vermeil. Tables, canapés, fauteuils, torchères, guéridons, balustrades en argent, ornaient les appartements de celui qui se faisait appeler fastueusement le Grand Roi. Six millions avaient été consacrés à cette magnifique folie. Aux années sombres de ce long règne, toutes ces éblouissantes richesses durent prendre le chemin de la Monnaie, et l'on ne devait plus jamais revoir un luxe pareil. De nos jours, en effet, on est devenu plus modeste. Bien que les métaux précieux soient infiniment plus abondants qu'ils n'ont jamais été, leur emploi se trouve en quelque sorte spécialisé, et l'habileté des orfèvres n'a plus à s'exercer sur un champ aussi vaste [1].

1. Les seuls meubles exécutés en orfèvrerie dans la seconde moitié du xixe siècle, dont on ait gardé le souvenir, sont : le berceau offert au prince impérial par la Ville de Paris et que celle-ci avait commandé

L'ORFÈVRERIE

Le principal usage mobilier pour lequel, en notre temps, on utilise l'or et l'argent, est le service de la table. Encore le premier de ces deux métaux n'y est-il employé qu'à l'état d'exception, et c'est à l'argent seul qu'incombe cette mission relativement considérable. Ce service, en effet, comprend non seulement les plats, les assiettes, les couverts, les légumiers, les soupières et autres vases d'usage, pour la confection desquels tout autre métal, moins sain et plus facilement oxydable, n'offrirait ni la même sécurité ni autant d'agrément ; il embrasse encore toutes les pièces de décoration qui sont la parure de nos repas : les candélabres, les huiliers, les salières, les assiettes montées, les porte-carafes et enfin les surtouts, c'est-à-dire un ensemble d'objets qui peuvent revêtir parfois des proportions monumentales.

On a conservé le souvenir de services exécutés par les grands orfèvres du XVIIe et du XVIIIe siècle, par les Ballin, les Loir, les de Villers, les Delaunay, les Roettiers, les Germain, qui constituaient des décorations d'une ampleur et d'une magnificence incomparables. Les plus grands dessinateurs du temps furent mis à contribution pour la composition de ces monuments d'orfèvrerie, et l'on peut admirer sans réserve ceux dont Meissonnier nous a laissé les fastueux modèles. En notre siècle, le surtout du duc d'Orléans, modelé par Barye ; celui de l'empereur Napoléon III, exécuté par une légion de sculpteurs émérites dirigés par Gilbert ; le surtout de M. Petin, exposé en 1867 par M. Odiot, et celui de M. Isaac Pereire, envoyé à la même Exposition par M. Froment-Meurice ; celui du duc de Santonia, dessiné par Reiber, modelé par Mathurin Moreau et par Mercié, et orfévré par MM. Christofle et Cie, sont éga-

---

à Froment-Meurice, et la jardinière à figures de satyres que M. Duponchel exposa en 1867. Même en ajoutant à ces pièces exceptionnelles les beaux vases repoussés par Vechte, et les prix de course ciselés par les frères Fannière, on voit que notre temps est resté très en arrière sur le mobilier du Grand Roi.

lement dignes d'êtres comptés au nombre des ouvrages les plus considérables et les plus artistiques qu'ait produits notre orfèvrerie nationale.

Après le service de la table, il faut mentionner les garnitures de toilette, qui ont pareillement fourni aux artistes du xvii⁰ et du xviii⁰ siècle le thème de compositions exquises. Nous avons par les *Inventaires royaux* la description des *toilettes* en or massif dont Anne d'Autriche et Louis XIV

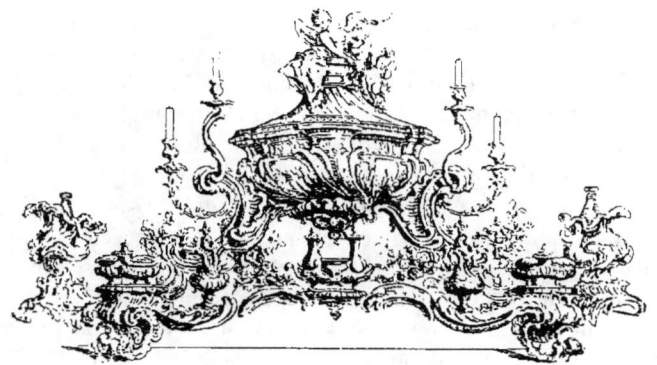

Fig. 76. — Surtout en orfèvrerie dessiné par Meissonnier.

firent usage. Le *Mercure* de décembre 1697 consacre un long article à celles que le Grand Roi fit exécuter pour le duc et la duchesse de Bourgogne, par le célèbre Delaunay. Le *Mercure* de septembre 1726 décrit pareillement celle de la reine Marie Leckzinska, chef-d'œuvre de François-Thomas Germain, alors dans la plénitude de son talent et parvenu au comble de la réputation. Barbier, dans son *Journal*[1], nous apprend que lors de la refonte de 1759, la toilette de la Dauphine fut seule épargnée par ordre spécial du roi, à cause de sa haute valeur artistique. On n'en finirait pas, du reste, si l'on voulait passer la revue de toutes les gar-

---

1. Voir *Journal de l'avocat Barbier*, tome VII, p. 201.

nitures admirables qu'enfanta cette époque si féconde en beaux et riches ouvrages. Il faudrait mentionner la fameuse toilette de la princesse des Asturies, dont le sculpteur Caffiéri et les orfèvres Pierre Germain et Chancelier se disputèrent aigrement la paternité[1]. Il faudrait aussi dire un mot de la toilette toute en or de Mme du Barry, avec son miroir « surmonté de petits amours tenant une couronne royale[2] ». Mais ces quelques exemples suffisent à montrer le merveilleux parti tiré par nos grands orfèvres de cette seconde adaptation des métaux qu'ils mettent en œuvre.

A la suite des garnitures de toilette, on peut comprendre également les chandeliers, les flambeaux, les bougeoirs, qui, tenus fréquemment à la main, gagnent infiniment à être exécutés en un métal inoxydable par l'humidité, et ne laissant après lui aucune odeur désagréable. Il en est de même pour les tasses dans lesquelles on offre de la tisane ou du bouillon, pour les plateaux sur lesquels on présente des lettres ou des cartes. Enfin, il ne faut pas oublier les objets de grande décoration, les vases en argent repoussé, les garnitures de cheminée, les bustes et les statuettes, non plus que les boîtes, les tabatières et ces mille objets qu'on aime à porter sur soi, et qui dépendent du costume plus encore que du mobilier. On voit que nos orfèvres ne manquent pas de motifs pour exercer leurs talents, et les pièces magnifiques, si justement admirées aux Expositions de 1867, de 1878, de 1889, attestent assez qu'ils ne perdent aucune occasion de se montrer dignes de leurs devanciers les plus illustres.

Pour résoudre les innombrables problèmes que soulève la confection de ces précieux ouvrages, les orfèvres ont à leur disposition une matière singulièrement favorable. La malléabilité, la ductilité, la ténacité de l'or et de l'argent

1. Voir l'*Avant-Coureur* des 2 et 9 décembre 1765, et le *Mercure* de janvier et avril 1766.
2. Voir Mercier, *Tableau de Paris*, tome VI, p. 89.

n'assignent, pour ainsi dire, aucune limite précise à leur audace. Ils n'ont pas, comme le statuaire qui taille le marbre ou comme le potier qui pétrit l'argile, à se préoccuper d'assurer la stabilité de leur œuvre à l'aide de soutiens, de tenons, de larges points d'appui. Ils n'ont pas, comme le menuisier, à tenir compte de la fibre du bois, de son grain, de son fil et de l'épaisseur que doivent conserver les cadres et les panneaux pour assurer la solidité de l'ouvrage. Les formes qu'ils adoptent, en outre, ne sont plus commandées par la nécessité de certains assemblages, imposant à l'objet fabriqué une structure spéciale, dont les lignes principales doivent toujours demeurer apparentes, et obéir à des conditions de carrure capables de rassurer l'œil et l'esprit. Fondue ou obtenue par le travail du marteau, la pièce d'orfèvrerie présente un tout résistant, homogène, et les soudures, quand il en existe, constituent un subterfuge de fabrication que l'on doit dissimuler avec le plus grand soin. Enfin, la multiplicité et la variété des usages auxquels l'orfèvrerie doit satisfaire, obligeant de créer constamment des formes nouvelles pour répondre à des besoins nouveaux, et les audaces autorisées par la matière même qu'il emploie ne l'enfermant pas dans un programme étroit, il semble que l'orfèvre n'ait, dans l'exécution de ses œuvres principales, à suivre d'autres guides que la commodité de ses clients, son caprice personnel et le devoir qui incombe à tous les artistes industriels de produire de beaux ouvrages [1]. Il n'en est rien cependant. Pour la création des formes, son art est, comme tous les autres arts plastiques, soumis à un certain nombre de règles qu'on ne saurait braver impunément.

1. Ce devoir incombe d'autant plus à l'orfèvre que ses productions ont toujours eu une certaine action sur le goût général. Ainsi que le remarque fort bien M. Paul Christofle dans son rapport sur l'Exposition de 1867, « les produits de cette industrie, par leur nature et leur destination, sont journellement sous nos yeux... et exercent une grande influence sur le sens artistique des masses. »

En premier lieu, le prix relativement élevé des métaux qu'il met en œuvre, oblige l'orfèvre à imprimer à ses créations un caractère d'élégance et de richesse en harmonie avec la matière qu'il emploie. Il ne lui est pas permis, en effet, d'oublier que les objets sortant de ses mains, alors même qu'ils sont destinés à un usage journalier, constituent des produits de luxe. Cette élégance, cette richesse, doivent découler d'une façon générale du galbe de la pièce, de la justesse de ses proportions, du goût qui a présidé au choix des ornements et de la façon dont ces derniers sont répartis; car la forme, quelle que soit la somptuosité de la décoration, ne doit jamais cesser d'être une, fermement écrite, très lisible par conséquent. Elle doit aussi ne pas se laisser dominer ou commander par le décor. En outre, quand il ne s'agit pas d'un vase de pure décoration, mais d'ustensiles conçus et exécutés dans un but d'utilité journalière, l'orfèvre est obligé — pour régler les dimensions de l'objet et les rapports qui doivent exister entre les parties complémentaires et le corps principal — de tenir compte des exigences de capacité, de maniement aisé et de facile transport. On voit, par ces quelques observations, à quelles difficultés toutes spéciales l'orfèvre se heurte dès qu'il prétend créer une forme nouvelle. Étudions maintenant par quels procédés il peut se tirer d'embarras.

Comme celles des autres ustensiles usités dans l'ameublement, la plupart des formes des pièces d'orfèvrerie, géométralement considérées, dérivent plus ou moins directement du rectangle, du cylindre, du cône, de la sphère ou de l'œuf. Toutefois le rectangle, lorsqu'il est parfait, c'est-à-dire absolument carré, est peu usité. Il en est de même de la sphère, bien qu'elle jouisse de ce grand avantage d'être la figure géométrique qui offre la plus grande capacité dans le moindre périmètre. L'excès de régularité de ces figures jure, en effet, avec le caractère d'élégance un peu fantaisiste, qui convient à un objet en métal précieux. Lorsque les implacables nécessités de l'usage obligent à construire un vase affectant l'une de ces deux formes, l'artiste, cependant, peut dissimuler ce qu'elle présente de trop monotone en rompant, par un artifice, l'exacte équivalence des proportions. Il obtient ce résultat par l'adjonction d'un bouton, d'un fruitelet, en gratifiant le corps principal de pieds ou d'anses, enfin en décorant celui-ci de godrons ou de spirales qui distraient l'œil et l'empêchent d'être contrarié par une conformité de proportions enlevant à la pièce tout agrément et tout caractère (voir fig. 77).

J'ajouterai encore que la malléabilité du métal employé par l'orfèvre, devant s'affirmer tout d'abord par la souplesse et la richesse des contours, l'oblige à repousser, autant que possible, non seulement les profils rectangulaires, mais encore tous les galbes géométralement rectilignes, tels que le cylindre et le cône, par exemple.

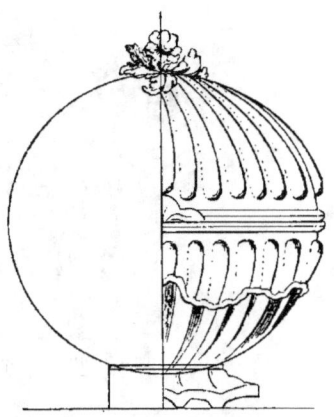

Fig. 77.

Ces figures, qui en céramique peuvent donner naissance à des vases agréables, ne sauraient convenir que très exceptionnellement aux pièces d'orfèvrerie, dont la forme comme la matière veut rester précieuse. Lorsque, pour des raisons particulières, on est contraint d'exécuter des objets d'après ces modèles rectilignes, il faut avoir soin, par la décoration dont on les orne, d'atténuer ce que ces galbes ont de trop simple et même de commun. D'ancien gobelets du xviie siècle, enrichis de festons et de médailles; un broc en argent, exposé par MM. Fannière en 1878; une jolie théière exécutée tout récemment par MM. Bapst et Falize, montrent que la solution de ce problème n'est pas impossible. Cependant ces sortes de pièces contreviennent à une des lois fondamentales de la décoration. Chez elles, c'est l'ornementation qui rend la forme acceptable [1].

Quoique les figures rectangulaires doivent être bannies de l'orfèvrerie à cause de leur raideur et de leur austère simplicité, comme la plupart des ouvrages curvilignes en-

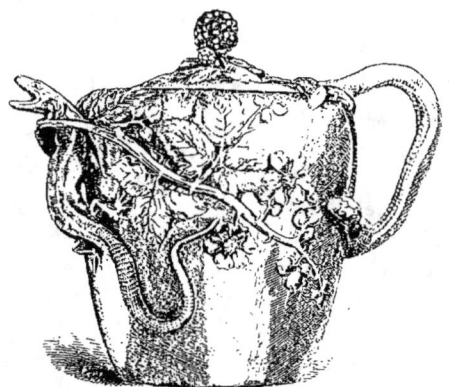

Fig. 78. — Cafetière à forme simple et à décoration compliquée, exécutée par MM. Bapst et Falize.

visagés géométralement peuvent s'inscrire dans un rectangle, il nous a semblé naturel de chercher quelles proportions extrêmes ce rectangle peut présenter pour que la forme inscrite intérieurement ne soit pas déplaisante à l'œil. Serlio, dans un livre [2] justement apprécié, passe en revue les proportions des divers rectangles dont l'usage est admis dans les arts plastiques, et fixe certaines limites qui ne doivent en aucun cas être dépassées. Ces limites partent du carré parfait pour aboutir à un rectangle dont l'une des dimensions est le double de l'autre. Serlio considère

1. Voir notre volume sur la DÉCORATION, prop. XIX et XLVIII et suiv.
2. *Il Primo Libro d'architettura di Sabastiano Serlio Bolognese*; Paris, 1545, in-fol., p. 21.

cette dernière figure comme un maximum. Il constate même qu'aucun bon ouvrage parmi ceux de l'antiquité n'excède ces proportions [1]. Ces diverses relations, que notre auteur baptise *sesquiquarte, sesquitierce, proportion diagonale, sesquialtère*, etc., etc., conviennent assez bien aux pièces d'orfèvrerie, et c'est entre ces deux extrêmes que le dessinateur est amené en quelque sorte spontanément à inscrire le double développement en hauteur ou en largeur des modèles qu'il compose (voir fig. 79.)

Lorsque le vase ou tout autre objet exécuté par ses soins s'étend en largeur, l'orfèvre n'a point à se préoccuper beaucoup de l'aplomb qu'il faut donner à son modèle. Les pièces basses sur pieds et trapues ne courent point de grands risques d'être renversées. Avec les pièces qui se développent en hauteur, il n'en va plus de même. Le fabricant, il est vrai, peut, en alourdissant volontairement

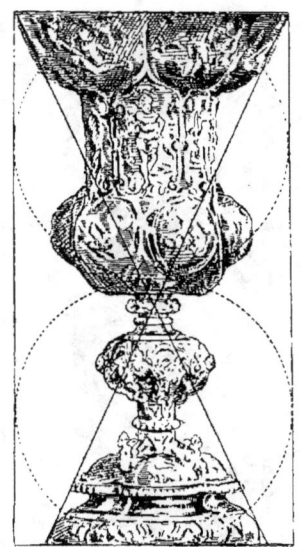

Fig. 79. — Gobelet mesurant deux diamètres en hauteur.

la base, déplacer leur centre de gravité et rendre leur chute à peu près impossible. Mais c'est là une sorte d'artifice que l'œil ne saurait percevoir, et l'œil, ne l'oublions pas, a des exigences avec lesquelles nos arts plastiques sont toujours obligés de compter. Il faut non seulement que la solidité et l'aplomb existent, il est encore indispensable qu'ils soient suffisamment apparents pour que l'esprit ne puisse être alarmé.

1. « Et sopra questa forma nelle cose buone antiche non se trovata forma che esceda alla dupla. »

L'ORFÈVRERIE

Un vase a beau être en argent repoussé, c'est-à-dire fait d'une simple feuille de métal relativement très mince, et par conséquent d'un poids extrêmement faible, comme rien dans son aspect extérieur ne vient révéler cette condition toute spéciale de fabrication, si l'embase est trop étroite, si le pied étranglé offre une sveltesse excessive, si les attaches, tout en étant de force suffisante, sont jugées trop ténues, le vase semblera fragile et paraîtra manquer d'aplomb et de solidité. Comme exemple, on peut prendre notre figure 80. La buire qu'elle représente a été cependant dessinée par un artiste de premier ordre, par le célèbre le Brun. Cette buire orne une des tapisseries des *Maisons royales* (château du Louvre). Malgré son origine illustre, l'étroitesse du pied lui donne une telle apparence d'instabilité, qu'elle semble devoir rouler à terre au moindre choc.

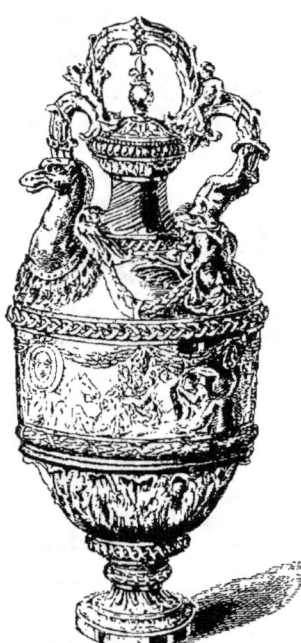

Fig. 80. — Buire composée par le Brun.

Est-il des formules spéciales, particulières, qui permettent de fixer *a priori* les proportions qu'une base doit offrir, non seulement pour que le vase qu'elle supporte soit solide, mais encore pour que cette solidité soit suffisamment évidente et que l'œil et l'esprit se trouvent complètement rassurés? Dans notre étude sur la *Menuiserie*[1], nous avons eu, à propos de la stabilité des tables, à étudier un problème

---

1. Voir notre volume sur la MENUISERIE, p. 93 et suiv.

de même nature. Or, par une de ces coïncidences qui montrent, une fois de plus, comment les divers arts de l'ameublement obéissent à des règles identiques, il se trouve que les résultats fournis par cette étude peuvent s'adapter précisément aux pièces d'orfèvrerie. Supposons qu'on nous demande d'établir les dimensions normales que doit présenter le pied d'un vase ovoïde, de modèle classique, dont l'extrême largeur est figurée par l'horizontale AB et la hauteur par la verticale CD (fig. 81). Pour obtenir le résul-

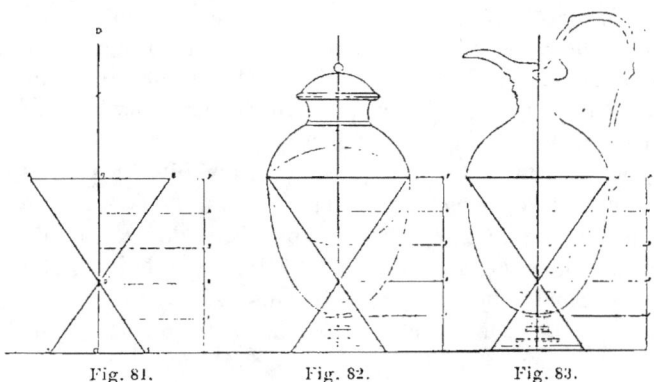

Fig. 81.   Fig. 82.   Fig. 83.

tat cherché, il nous suffira de diviser la partie de la ligne CD qui se trouve au-dessous du grand diamètre AB, c'est-à-dire la fraction CO, en cinq parties égales, et de faire passer deux diagonales tirées des points A et B par la seconde de ces cinq divisions. Ces deux lignes, en coupant le sol aux points S et S', nous fourniront la largeur normale de la base demandée, laquelle comprendra toujours les deux tiers de la ligne AB, autrement dit du grand diamètre.

Une série de cotes pointées que nous avons introduites dans nos figures 82 et 83 montrent, en effet, que les proportions révélées par notre calcul ne concernent pas seulement les vases ovoïdes de forme classique, mais encore les coupes à boire d'un galbe tout différent, et qu'elles fournissent aussi un résultat satisfaisant lorsqu'il s'agit d'aiguières ou de gobelets. Si, au lieu d'un vase élancé, nous avions à déterminer le pied d'un vase trapu, le problème s'établirait de même et sa solution ne serait pas différente. Comme conclusion de ce qui précède, on peut donc déclarer que la base d'un vase, pour satisfaire aux lois de l'aplomb et de la solidité, doit comporter comme largeur les deux tiers au moins du plus grand diamètre de ce vase.

Il demeure entendu que cette proportion n'est qu'un minimum. Si, comme contrôle, nous mesurons un certain nombre de vases anciens ou modernes, qu'on peut avec raison considérer comme des types d'élégance et de bonne construction, nous verrons que cette relation des 2/3, indiquée par nos précédentes figures, est presque toujours dépassée. Réduisant, pour plus de commodité, nos mensurations à un coefficient commun, nous trouverons que l'admirable aiguière de Briot que possède notre musée du Louvre comporte les proportions 84/108 ; que le joli pot à eau de Germain (que nous reproduisons fig. 120) nous donne 81/108, et que ce même chiffre, particularité curieuse, nous est fourni par le beau vase de Vechte, représentant la *Paix* (voir fig. 122). Ces diverses pièces, qui peuvent prétendre avec raison au titre de modèles, dépassent donc sensiblement les chiffres que nous avons indiqués et qui, réduits à notre nouveau coefficient, sont seulement de 72/108. Seule, la grande buire de le Brun, dont nous avons constaté les proportions fâcheuses, entraînant un manque de stabilité très apparent, présente 54/108. On voit que, dans ce premier cas, la théorie et la pratique donnent des résultats concordants, et que les exigences de l'œil sont d'accord avec celles de la géométrie[1].

1. Le Brun, dans la composition de cette énorme buire, n'est peut-être pas aussi répréhensible qu'il le paraît. Il peut s'autoriser de l'exemple de Serlio (*loco cit.*), qui donne à certains modèles de vases

L'ORFÈVRERIE 81

Mais l'aplomb des pièces d'orfèvrerie ne dépend pas uniquement de leur structure générale. Il peut être modifié, dans une large mesure, par l'adjonction de parties complémentaires. La plupart des vases comportent un certain nombre de membres utiles, parfois même indispensables, qui viennent se greffer sur le corps principal, et dont les formes, les dimensions, et jusqu'à la place, sont réglées par le besoin ou par l'usage. Dans ce cas, l'œil doit montrer quelque condescendance pour ces exigences de construction, car l'utilité dans les pièces dont on se sert journellement, ne peut être entièrement subordonnée à l'agrément. L'œil, du reste, quand leur nécessité est bien démontrée, prend assez vite son parti de ces dérogations toujours regrettables. C'est ainsi qu'il songe à peine à protester contre ces poignées droites en ébène qu'on fixe à la panse des cafetières ou des chocolatières,

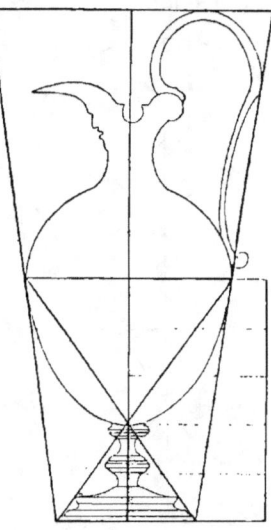

Fig. 84.

et dont l'aspect ne laisse pas que d'être singulièrement disgracieux. L'extrême commodité de ces appendices, et la précaution qu'on a de les faire en bois, pour bien établir leur légèreté spécifique, les font accepter cependant presque sans résistance; mais chaque fois que cela lui est possible, l'orfèvre soigneux ne manque pas d'établir entre les parties accessoires qui accompagnent le

---

un développement de pied absolument insuffisant (voir fig. 92). Mais il importe de remarquer que les vases dessinés par Serlio appartiennent à l'architecture, sont immobilisés par destination et n'ont rien à démêler avec l'orfèvrerie.

corps de ses ouvrages, une sorte d'équilibre qui rassure l'esprit.

Ces précautions sont surtout à prendre dans la composition et l'établissement des objets de décoration. C'est ainsi que quantité de vases, au lieu d'une seule anse qui suffirait à leur maniement, en reçoivent souvent deux qui se font contrepoids, ou lorsqu'ils n'en peuvent comporter qu'une, l'orfèvre s'arrange de façon que cette anse unique ne vienne pas détruire l'aplomb apparent de sa forme générale. Tout en lui conservant la force et la solidité nécessaires pour que le vase soit aisément maniable, et l'épaisseur indispensable pour qu'elle puisse être facilement saisie, il prend soin d'en alléger autant que possible le galbe, afin que son poids apparent ne menace pas d'entraîner la masse principale. En outre, il s'applique à la développer en hauteur, de telle sorte qu'elle ne déborde pas le prolongement d'une ligne idéale joignant le grand diamètre du vase à l'extrémité de son pied. De cette façon la figure entière — ainsi que le démontre la buire que nous présentons sous le n° 84 — se trouve inscrite dans un cône tronqué et renversé, dont les proportions sagement calculées satisfont à la fois les yeux et la logique.

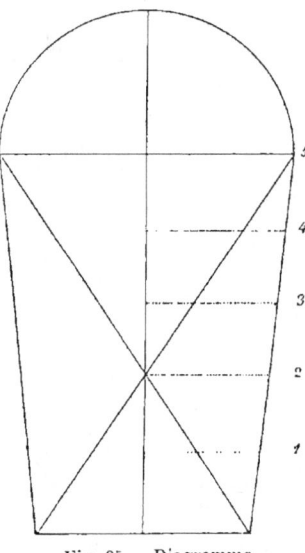

Fig. 85. — Diagramme d'un candélabre.

Ajoutons que ces lois d'équilibre et de pondération ne concernent pas uniquement les vases. Elles revêtent un caractère essentiellement général, et trouvent leur application dans la construction des pièces d'orfèvrerie les plus variées. Pour les candélabres, par exemple, il importe beaucoup qu'ils offrent, eux aussi, une assiette très solide. Rien n'est plus inquiétant ni plus désagréable que la contemplation d'un groupe de lumières reposant sur une base insuffisante ou dépourvue d'aplomb, et qui menace perpétuellement de s'écrouler. Le problème posé par ces sortes d'objets, étant de même nature que le précédent, se trouve résolu par les mêmes formules, et nous pouvons facilement dresser un diagramme (voir fig. 85) qui convient non seulement aux luminaires dont il est ici question, mais encore à toute espèce de meubles similaires. Que nous dit cette figure? Que la base, pour satisfaire aux lois que nous avons établies, doit représenter au moins les deux tiers de l'écartement total des branches, et que le développement des lumières doit rester en dedans d'un arc de cercle comprenant l'écartement des branches comme diamètre. Un beau candélabre exécuté par M. Odiot

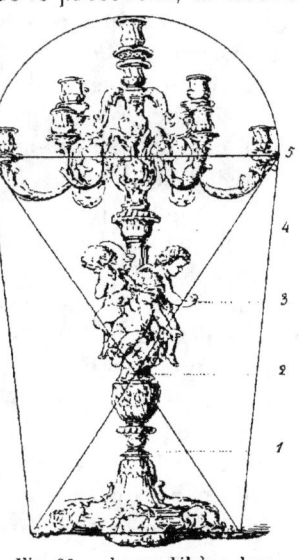

Fig. 86. — Le candélabre dans son diagramme.

et envoyé par lui à l'Exposition de 1878, où il fut justement admiré, montre que ces proportions sont absolument satisfaisantes (voir fig. 86).

Enfin, pour en terminer avec cette partie de notre étude, il nous faut encore dire un mot d'un objet d'orfèvrerie couramment fabriqué, et qui se présente sous un aspect sensiblement différent de ceux dont nous venons de parler. Il s'agit des chandeliers qui, se dressant verticalement sur un pied plus ou moins développé, sont bien loin, eux aussi, de posséder toujours l'aplomb et la stabilité indispensables. Rien n'est plus ridicule, cependant, que ces flambeaux étriqués dont la tige effilée et sans consistance est surmontée d'une énorme bougie. Rien n'est plus désagréable et plus difficile à saisir qu'un chandelier dont le corps amaigri à l'excès vacille et se dérobe dans la main. Rien n'est plus alarmant qu'une lumière reposant sur une base trop étroite et menaçant, au moindre choc, de se renverser et d'incendier l'appartement. Combien de modèles, néanmoins, offrent ces inconvénients regrettables !

Pour remédier à ces défectuosités, il importe que le diamètre du chandelier dans la partie haute de la tige — celle qu'on saisit généralement — mesure au moins 30 à 40 millimètres. En outre, pour qu'il ne glisse pas dans la main, il convient que la tige soit plus large à son sommet qu'à la base, ou qu'elle forme en son milieu une sorte de pommeau qui puisse être solidement tenu. Quant à la hauteur proportionnellement à la largeur du pied, elle doit varier suivant l'emploi auquel notre ustensile est plus spécialement destiné. Doit-il servir à des usages journaliers et remplir le rôle de bougeoir : dans ce cas, il importe surtout qu'il soit difficile à renverser. On le construira donc trapu, et on lui donnera comme élévation le diamètre de sa base (voir fig. 87). Est-il appelé à être manié avec plus de discrétion, à servir de flambeau de toilette, à prendre place sur un petit meuble, table, console, guéridon : on lui accordera plus de hauteur, et il pourra mesurer un diamètre et demi (fig. 88). Enfin, s'il doit rester à demeure sur un gros meuble ou sur une cheminée, on pourra aller jusqu'à deux diamètres (fig. 89). Mais c'est là un maximum qui, en aucun cas, ne saurait être dépassé. Pierre Germain, auquel nous devons toute une série de flambeaux, considérés avec raison comme des modèles classiques, atteint rarement ces dernières proportions, et jamais il ne les excède. Dans la plupart d'entre eux, le diamètre du pied étant égal à 12, la

L'ORFÈVRERIE 85

hauteur totale se maintient entre 21 ou 22. Ajoutons que lorsqu'on accorde à un chandelier deux diamètres de hauteur, il convient, pour bien accentuer le caractère fixe de sa destination, d'en revêtir la tige, dans toute sa longueur, d'ornements en relief. Cette prodigalité de décoration in-

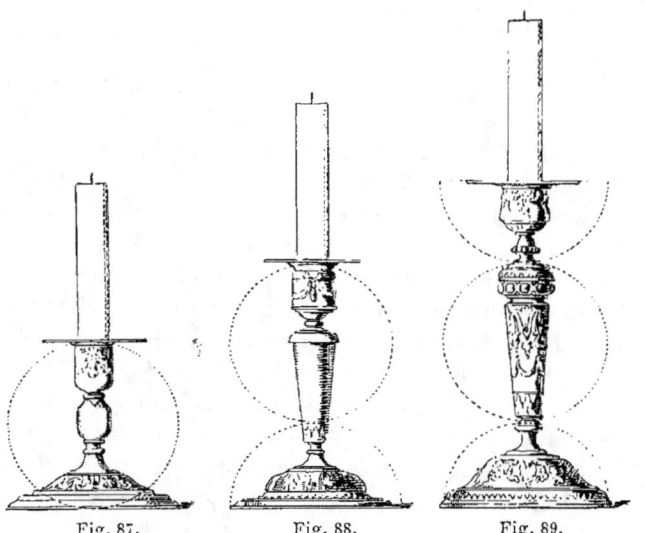

Fig. 87.   Fig. 88.   Fig. 89.

dique, en effet, que notre ustensile n'a pas été construit pour être continuellement manié. Dans les deux autres cas, il importe, au contraire, de laisser une place libre et unie au milieu de la tige, pour qu'on puisse saisir celle-ci et porter le flambeau aussi longtemps qu'il est nécessaire, sans risquer de se froisser la main.

XI

DE LA DÉCORATION DES PIÈCES D'ORFÈVRERIE, ET DE QUELQUES RÈGLES A OBSERVER DANS L'ORNEMENTATION DE CES OUVRAGES.

Après nous être occupés des formes qui conviennent le mieux aux pièces d'orfèvrerie, nous allons dire quelques mots de leur décoration. Cette décoration peut, dans certaines circonstances, résulter de la forme même donnée à l'objet. Les contours d'un vase, d'une coupe, sont parfois si élégants, si gracieux, que tout ornement qui ne se confond pas avec eux risque d'en troubler l'harmonie. Dans ce cas, il n'est besoin que de *profils* un peu riches, de moulures bien choisies et suffisamment variées, agrémentées, si l'on désire, d'une perle, d'une feuille d'eau, d'une olive, pour que l'ouvrage semble à la fois complet et assez orné. Dans les pièces fondues notamment, l'ornementation sort de la chape en même temps que le corps principal, et n'a plus besoin que d'être reprise par le ciseleur, pour acquérir la finesse et l'accent qui achèvent de lui donner sa valeur. Dans d'autres cas, au contraire, et surtout quand il s'agit de pièces façonnées au marteau, l'ornementation se trouve surajoutée, soit par l'adjonction de morceaux rapportés, soit par les reliefs d'un repoussé délicat, qu'on reprend ensuite au ciselet. Elle peut encore être obtenue par des façons accessoires, par la gravure, le rongé à l'eau-forte, le martelage, très apprécié depuis 1878, le guillochage, un peu passé de mode, les nielles, l'application des émaux, l'incrustation, etc.

Ces derniers genres toutefois — les nielles, l'incrustation et l'émail — ne sont que très exceptionnellement employés dans l'ornementation des pièces d'orfèvrerie pure, et surtout d'orfèvrerie de service. Les chaudes colorations de l'émail s'associent mal au ton pâle et glacé de l'argent, dont elles accentuent la froideur. En outre, les pâtes colorées, toujours fragiles et délicates, supporteraient difficilement les immersions dans l'eau bouillante, et le fourbissage continuel auquel sont soumises les pièces d'un usage journalier. Des motifs analogues font réserver les incrustations et les nielles pour les ouvrages exclusivement destinés à la décoration. Il en est de même pour le rongé à l'eau-forte, l'oxydation artificielle et la production de ce qu'on appelle le « vieil argent[1] ».

Une des principales qualités qui font rechercher notre métal étant sa propriété de s'oxyder difficilement, il est clair que les préparations ayant pour but de le priver de cette qualité, ne peuvent avoir d'excuse que dans un besoin de varier son aspect, et de le revêtir d'une patine qui exclue toute idée de service continuel. Quant au guillochage et aux jeux de fond, obtenus à l'aide de fleurons gravés, disposés en quinconce, ils ne sont guère employés que pour les ouvrages ordinaires, et dans lesquels les préoccupations d'art jouent un rôle assez effacé.

Ces différents procédés de décoration peuvent s'appliquer au fondu aussi bien qu'au repoussé. Toutefois chacune de ces façons, suivant qu'on traite du massif ou du creux, exige non seulement l'emploi d'outils et de tours de main spéciaux, mais comporte encore (qu'on nous permette ce mot) une esthétique particulière. Si la pièce qu'on exécute est ornée de parties en ronde bosse et, à plus forte raison, si elle est tout entière sortie de la fonte, comme cela arrive, par exemple, pour les chandeliers, candélabres,

---

1. L'oxydation de l'argent s'obtient soit en soumettant ce métal à l'influence de vapeurs sulfureuses, soit en le faisant baigner dans une dissolution de barèges. Une fois qu'on a atteint le degré d'oxydation souhaité, on revient avec de la ponce en poudre et un peu d'eau sur les dessus, que l'on frappe avec une brosse ou un pinceau ferme.

cadres de miroirs, etc., les reliefs que présente le métal doivent toujours être vigoureusement accentués. Il faut, en effet, que la netteté des profils rachète ce que le métal a de monotone et de froid dans sa monochromie ; que la masse se colore des ombres produites par la puissance des saillies ; et pour cela que le modelé soit franc, accusé avec précision, mais sans présenter cependant des *trous* qui se traduiraient par des points noirs d'un aspect toujours désagréable.

S'agit-il, au contraire, d'un bas relief exécuté au repoussé, d'un de ces beaux vases entièrement décorés à la recingle et au ciselet, comme ceux de l'illustre Vechte, alors la décoration doit être à peine saillante. Comme elle est non plus superposée à l'objet, mais tirée de la matière même dont il est façonné, il importe qu'elle montre une sorte de subordination à l'endroit du galbe de la pièce ; qu'elle accompagne doucement celui-ci, et ne cherche en aucun cas à détourner l'attention de la forme générale. Même lorsqu'elle se modèle en un relief généreux, elle doit toujours laisser deviner son origine, son point de naissance, et se rattacher clairement au fond auquel elle a été empruntée.

Dans la conception et l'exécution de ces deux sortes d'ornementation, sensiblement différentes, l'orfèvre ne se fait point faute de mettre à contribution le fond inépuisable que lui fournit l'observation de la nature. Personnages de tout état, quadrupèdes vivants ou morts, poissons, gibier, fruits, fleurs, légumes, plantes, rochers, coquillages, tout lui est bon pour décorer ses blanches surfaces, et pour animer leurs monochromes contours. Mais les emprunts que l'orfèvre fait à la nature doivent se manifester bien plus sous la forme d'une agréable interprétation que sous celle d'une imitation rigoureuse. Le but que l'artiste poursuit n'est pas, ne peut pas être, en effet, de produire une illusion. Il ne saurait, en aucun cas, avoir la prétention de

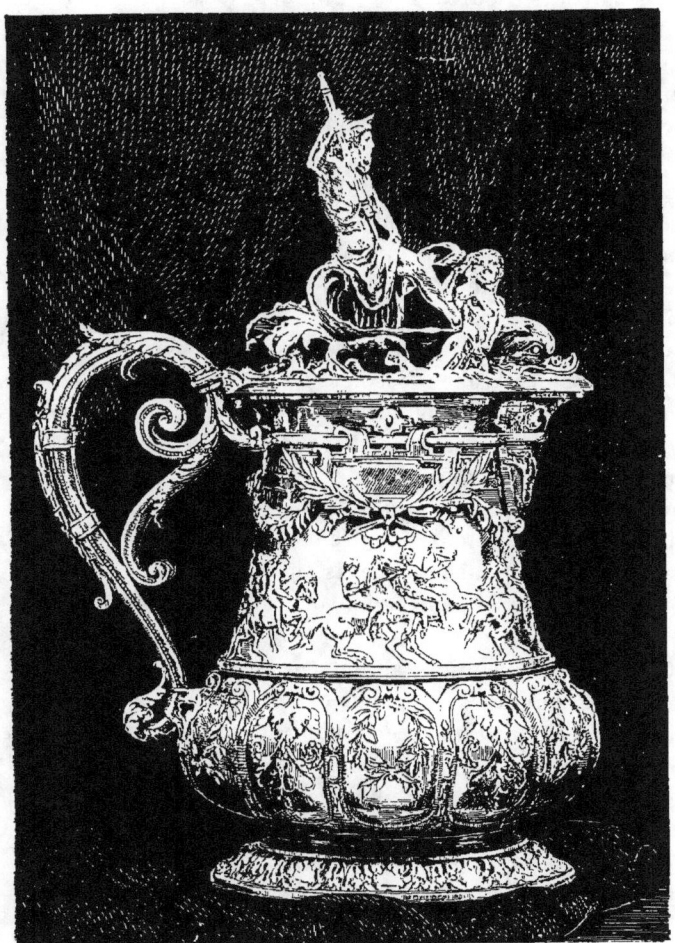

Fig. 90. — Aiguière en argent exécutée par M. Froment-Meurice.
Exemple du travail différent que comportent la ronde bosse et le repoussé.

nous faire prendre les jolies figurines qu'il assied au bord de ses surtouts, pour des dieux ou des déesses véritables, ni de nous faire croire que les légumes ou les fruits qui servent d'anses ou de boutons à ses légumiers et à ses soupières appartiennent vraiment au règne végétal. Les points de comparaison sont trop voisins pour que la moindre illusion soit possible.

Sous la Restauration, cependant, à l'époque dite *romantique,* on eut la singulière idée de remplacer cette convention aimable, qui permit aux orfèvres du XVIIe et du XVIIIe siècle de réaliser tant de chefs-d'œuvre[1], par une imitation stricte et une recherche rigoureuse des effets naturels. On alla même si loin dans cette voie que nombre d'accessoires, les coquilles des crabes, des écrevisses, des poissons, etc., furent moulés directement sur le vif, et que certains *matoirs* traditionnels à faire les cheveux, certains outils à frapper les yeux, les ongles, etc., furent réformés comme étant rococo[2]. Aujourd'hui, on est revenu de ces erreurs volontaires, et tout en s'inspirant de la nature, tout en se conformant à ses enseignements, nos orfèvres ont soin de conserver à leur interprétation un caractère suffisamment conventionnel.

C'est cette convention, au demeurant, qui rend acceptable dans les ouvrages de grande orfèvrerie l'introduction de figures humaines traitées en ronde bosse, — introduction contre laquelle certains critiques, et notamment M. Charles Blanc[3], ont protesté avec plus de vivacité peut-être que de

---

1. Les orfèvres du XVIIe et du XVIIIe siècle ne se faisaient point faute de surmonter leurs vases de trophées de gibier ou de poissons, mêlés de fruits et de légumes, où les proportions des objets n'étaient point très respectées. Ces dérogations fantaisistes leur ont été reprochées très à tort. Elles produisaient, en effet, des motifs charmants. On possède toute une suite de compositions de ce genre, dessinées par Meissonnier, qui pourraient encore servir de modèles.
2. Jean Garnier, *Manuel du ciseleur*, p. 12.
3. *Grammaire des arts décoratifs*, p. 292 et suiv.

L'ORFÈVRERIE

raison. — La figure humaine demande assurément à n'être point prodiguée dans les pièces d'orfèvrerie. Elle ne doit intervenir dans leur composition qu'avec une grande discrétion. Elle exige, en outre, d'être traitée avec une supériorité indiscutable ; mais la meilleure preuve qu'elle ne présente aucun des inconvénients majeurs qu'on se plaît à

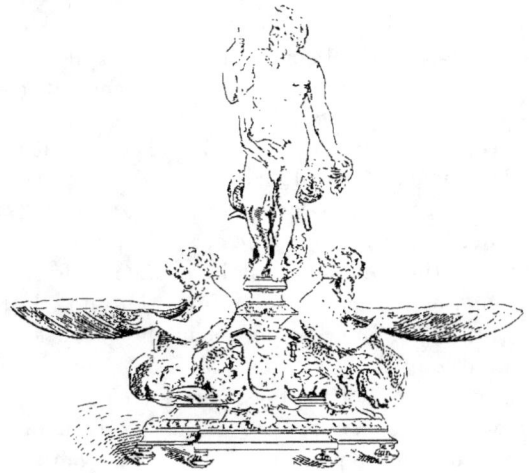

Fig. 91. — Salière à personnages exécutée par MM. Fannière.

signaler, c'est qu'on peut citer telle salière exécutée de nos jours par MM. Fannière frères (fig. 91) ou encore la belle aiguière ciselée par M. Jules Brateau, ainsi que le surtout des *Quatre parties du monde* exposé en 1889 par la maison Christofle[1], où elle tient sa place avec un rare bonheur. Nous irons même plus loin ; nous ajouterons que c'est à cette introduction dans ses créations les plus magistrales, de la figure humaine traitée en ronde bosse, que l'orfèvrerie doit de pouvoir être considérée comme un art plastique

---

1. Cette belle pièce, composée par M. Mallet, est ornée de figures charmantes, modelées par MM. Mathurin Moreau et Lafrance.

d'un ordre particulièrement élevé ; mais toujours à cette condition expresse de ne point oublier qu'en aucun cas la décoration ne doit détourner l'attention de la chose décorée, et qu'elle a pour mission, non pas de reléguer celle-ci au second plan, mais au contraire de la faire valoir [1].

Ce que nous disons de la figure humaine s'applique, au surplus, aux plantes, aux fleurs, aux fruits, aux animaux, c'est-à-dire à tous les autres motifs de décoration auxquels l'orfèvre recourt journellement. Il doit, quand il les fait intervenir, leur conserver leur qualité d'ornement, c'est-à-dire les approprier au caractère et à la forme de l'objet qu'il décore, et proportionner leur importance et leur taille à celles de ce même objet, de façon à ne pas l'écraser, à ne pas le surcharger inutilement, mais à garder à sa silhouette toute l'élégance dont elle est susceptible.

L'ornementation, en outre, doit, comme la forme elle-même, obéir à certaines considérations d'utilité. Il lui faut se soumettre aux exigences qui découlent de l'usage. Admettons qu'il s'agisse, par exemple, d'un vase d'une certaine capacité. Généralement ces sortes de récipients sont gratifiés de deux anses qui servent à les mouvoir. Ces anses bien comprises peuvent devenir d'élégants motifs d'ornementation ; mais encore faut-il qu'elles soient disposées de façon à permettre de manœuvrer facilement le vase, en lui conservant son aplomb, et qu'elles présentent des places unies par où elles soient bien saisissables. Si, au lieu de deux anses, notre pièce n'en comporte qu'une et que remplie elle pèse assez lourd, — comme cela arrive pour les pots à eau par exemple, — dans ce cas, il est essentiel que le décorateur ménage sur la panse une place libre où l'on puisse appuyer la main gauche alors que l'on soulève l'anse de la main droite. Enfin, si la pièce est dépourvue d'anses, comme un flacon ou un cornet, ou si elle

---

1. Voir notre volume traitant de la DÉCORATION, prop. XIV, XIX et XX.

est massive et développée en hauteur comme un flambeau, un candélabre, etc., il est encore indispensable qu'elle offre, un peu au-dessus de son centre de gravité, un espace lisse qu'on puisse tenir assez longtemps sans se froisser l'épiderme (voir p. 84 et 85).

Ces exigences toutes spéciales varient naturellement suivant la forme de la pièce, et aussi suivant le genre de services que cette pièce est appelée à rendre. A chaque création nouvelle, elles fournissent matière à d'intéressants et curieux problèmes que l'orfèvre est tenu de résoudre, s'il veut que l'ouvrage exécuté sous sa direction ait non seulement un aspect vraiment décoratif, mais réponde encore à l'objet pour lequel il a été conçu et fabriqué.

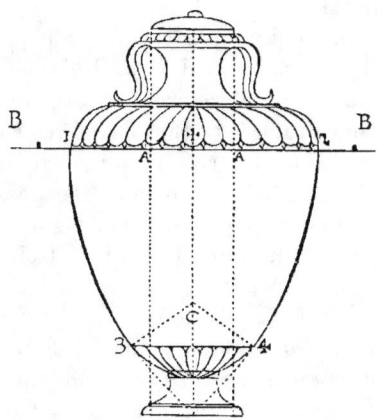

Fig. 92. — Modèle de vase dessiné par Serlio.

XII

L'ACHÈVEMENT DES PIÈCES D'ORFÈVRERIE. — LA REPRISE AU CISELET. — LA RECINGLE. — LE GUILLOCHAGE. — LE POLISSAGE ET LE BRUNISSAGE. — LE POLI GRAS.

C'est au ciselet que s'achève la décoration des ouvrages soignés, surtout de ceux qui ont été directement confectionnés au marteau. C'est aussi au ciselet que s'exécutent ces beaux ornements repoussés qui sont l'honneur de l'orfèvrerie. Lorsque la pièce a reçu sa forme, le ciseleur applique sur les parties à décorer un papier où se trouve préalablement dessiné le motif qu'il se propose de reproduire. A l'aide d'une pointe qui traverse le papier, il pique le métal et décalque ainsi son dessin. Puis, en se servant du *traçoir* et du marteau, il reprend ce décalque et transforme en un sillon continu les lignes de petites égratignures produites par sa pointe. Le traçoir, qui jamais ne doit être tranchant, refoule le métal, de sorte que le dessin devient lisible des deux côtés de la plaque, étant figuré en creux à l'endroit et à l'envers en relief. Ce double trait permet au ciseleur de conduire son travail des deux côtés.

Appliquant l'endroit de la plaque de métal sur un boulet ou sur un blot garni de ciment[1], notre artiste commence par attaquer l'ouvrage par derrière, refoulant à l'aide de bouterolles de tailles variées le métal dans toutes les places où il doit présenter des saillies, décollant sa plaque chaque fois qu'il souhaite de contrôler la marche du travail, reprenant, corrigeant à l'endroit les fautes légères qu'il a pu commettre en frappant le métal à l'envers, accentuant même ses saillies en prenant certains de ses reliefs de *par-*

---

1. Voir chapitre IV, p. 23 et suiv.

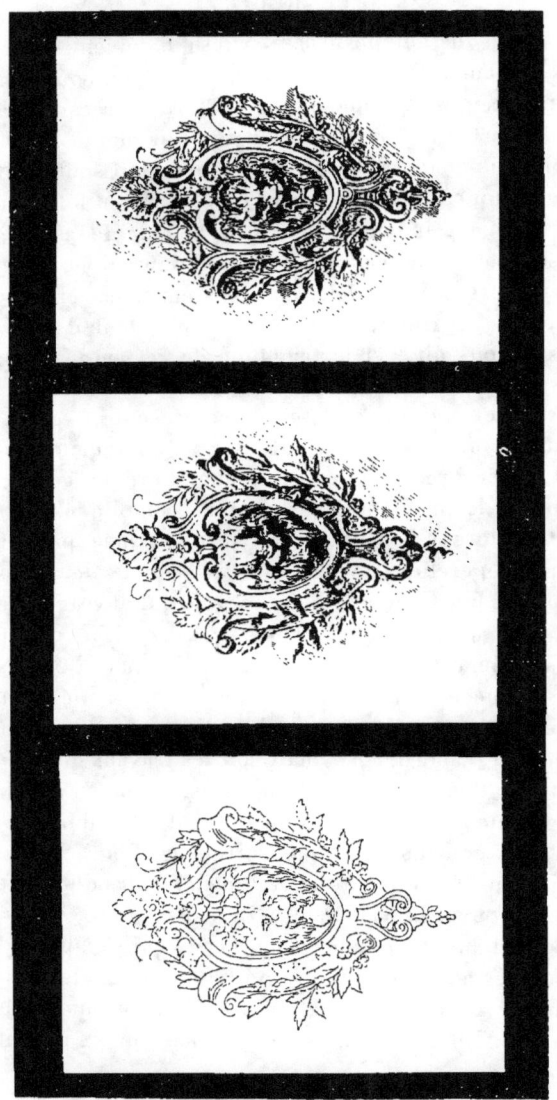

EXÉCUTION AU REPOUSSÉ D'UN CARTOUCHE EN BAS-RELIEF.

Fig. 93. — Le motif décalqué à la pointe et repris au traçoir.   Fig. 94. — Le motif repoussé à l'envers.   Fig. 95. — La pièce reprise à l'endroit et achevée au ciselet.

dessus, c'est-à-dire enfonçant les parties qui doivent former les creux, et enfin donnant une *chaude* lorsque, sous l'action du marteau, les molécules se sont resserrées et ont pris une dureté trop résistante. Puis, une fois que les reliefs ont été obtenus juste dans les proportions qu'il souhaitait, le ciseleur retourne définitivement sa plaque, en fixe l'envers sur le ciment du boulet et achève, à l'aide de ses nombreux ciselets, de donner à l'endroit de l'ouvrage non seulement les finesses du modelé, mais ces mats, ces chairés, ces pointillés, ce grenu, en un mot cette variété d'aspect qui, nous l'avons dit, est le triomphe de cet art précieux et sa raison d'être.

Ce travail de repoussé et de ciselé se présente — en apparence au moins — d'une façon assez simple quand l'artiste prétend décorer une surface plane. Lorsque celle-ci est recourbée, le problème est déjà plus compliqué. Mais c'est surtout lorsqu'il s'agit d'une pièce fermée par un goulot, que l'opération devient tout à fait délicate. Nous avons expliqué plus haut que pour ce genre d'ouvrages on avait recours à un outil spécial appelé *recingle*. L'invention de cet appareil n'est point très ancienne. Elle paraît ne pas remonter beaucoup au delà des premières années du XVIe siècle, et c'est en France que la recingle semble avoir été utilisée tout d'abord. « En analysant les travaux que l'on affirme être authentiques des Florentins, écrit un auteur dont la compétence n'est pas contestée[1], il reste bien acquis qu'ils ne connaissaient pas la *ressing*. Leurs vases, ceux que j'ai vus, et qui sont du XVIe siècle, sont faits d'une façon qui le prouve suffisamment. » Les corps de ces vases, en effet, sont établis en plusieurs morceaux qui s'emboîtent les uns dans les autres et qui ont été réunis, une fois la ciselure achevée, à l'aide d'un filet ou *carré* formant une moulure circulaire. Encore la plupart des reliefs qui les ornent

---

1. Jean Garnier, *Manuel du ciseleur*, p. 97.

sont-ils pris *de par-dessus*, c'est-à-dire en abaissant le champ par des coups frappés à l'endroit, au lieu d'être repoussés de l'envers[1]. Benvenuto Cellini connut la recingle, mais tout porte à croire qu'il apprit à s'en servir chez nous;

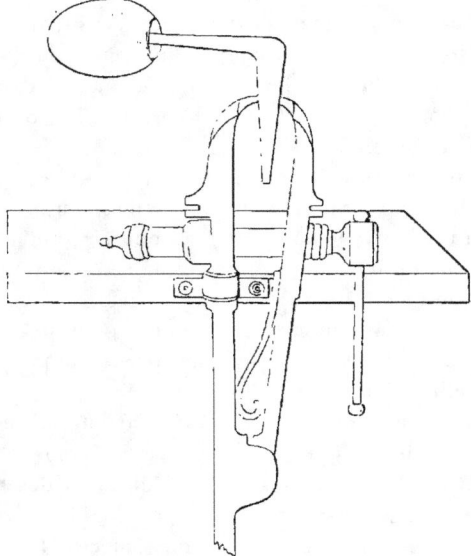

Fig. 96. — La recingle.

car il dit quelque part que, pour repousser les pièces de l'intérieur, il se servait de certaines petites bigornes dont les orfèvres parisiens faisaient usage.

1. C'est, au demeurant, le seul procédé que décrive le moine Théophile. (Voir *Diversarum Artium schedula*, ch. I.VIII.) Le passage de ce livre si curieux qui est relatif au repoussé de l'ornementation des vases, mérite, au reste, d'être reproduit intégralement : « Quand le ciment sera refroidi, écrit notre auteur, tracez sur le renflement et le col de votre burette tout ce que vous voudrez; prenant des burins légers et un petit marteau, tenez vous-même la burette de la main gauche, de la droite chaque outil à sa place; faites battre dessus par un enfant à votre volonté doucement ou fort, abaissez les champs

7

C'est, en effet, à de très petites bigornes que peuvent être comparées les recingles employées pour les travaux d'orfèvrerie (voir fig. 96). Ce genre d'outils consiste en une barre de fer ou d'acier, coudée droit, dont une des branches est fixée dans les mâchoires d'un étau, et l'autre enfoncée dans la pièce que l'on veut décorer. L'artiste cingle avec son marteau des coups plus ou moins violents sur l'extrémité libre de la branche, et l'autre extrémité, par contre-coup, *recingle* le métal et lui fait produire extérieurement un relief.

On comprend aisément quelle précision de coup d'œil, quelle expérience et quelle délicatesse de main réclame ce genre de travail; car le ciseleur n'a pour se guider que le résultat même qu'il obtient. Il ne connaît la position exacte de l'outil que par la bosse relevée par celui-ci. Aussi est-il obligé, avant d'attaquer sérieusement l'ouvrage, de « se reconnaître » et de frapper quelques petits coups produisant des reliefs imperceptibles qu'on peut facilement effacer, mais qui lui indiquent *où il est*. L'artiste, néanmoins, lorsqu'il est suffisamment exercé, arrive rapidement à trouver le point qu'il veut repousser. Il peut ainsi, dès le commencement, procéder avec vigueur, frapper la pièce à grands coups, et éviter les petits chocs successifs qui fatiguent, recrouissent et *piétinent* le métal. Mais ces audaces ne conviennent qu'aux exécutants très expérimentés et tout à fait sûrs d'eux-mêmes. Il faut, en effet, prendre garde de

afin qu'ils soient creux et le travail en saillie. Lorsque vous aurez battu une fois partout, approchant la burette du feu, jetez le ciment; la burette recuite et retirée du feu, remplissez-la de nouveau, battez-la comme auparavant; vous ferez ainsi jusqu'à ce que vous ayez également abaissé tous les champs et façonné tout l'ouvrage, de sorte qu'il paraisse comme fondu... » On voit que dans cette description très minutieuse il n'est question que du travail exécuté à l'endroit et de *par-dessus*, et que le ciseleur, au lieu de repousser les reliefs de l'intérieur, se borne à abaisser les champs pour qu'ils deviennent creux et pour que les ornements se présentent en relief : *deponere campos ut cavi sint et opus elevetur.*

calculer exactement la force de chacun de ses chocs; car, s'il est difficile de faire saillir la matière, il est bien plus difficile, lorsque la saillie est trop forte, de la faire rentrer.

Les reliefs obtenus à la recingle sont achevés comme ceux exécutés au repoussé ordinaire. C'est, du reste, au ciseleur, nous venons de le dire, qu'appartient la *finition* de toutes les décorations de prix. Pour les pièces ordinaires et qu'on fabrique par nombres, son intervention serait trop coûteuse; aussi a-t-on recours à des moyens économiques, et le balancier supplée, dans maintes circonstances, à la main de l'artiste, mais sans jamais la remplacer. Certaines petites pièces fondues en ronde bosse, ou préalablement estampées au mouton, sont ainsi soumises à l'action de ce puissant appareil, dont l'énergique pression oblige le métal déjà *formé* à épouser le creux des matrices finement gravées, qui, en achevant de préciser le contour, complètent le décor.

On exécute aussi mécaniquement le guillochage. Ce dernier est généralement obtenu au tour. Les cafetières, les sucriers, les plateaux, les gobelets et quantité d'autres objets d'argenterie usuelle, dont la forme médiocrement plastique présente de grandes surfaces unies, et qui, à cause de cela, pourraient paraître monotones, sont ainsi chargés de traits qui, s'entrelaçant parallèlement ou concentriquement, constituent une ornementation dont l'effet est plus ou moins riche. Pour mener à bien cette espèce de décor, on monte la pièce sur un tour ordinaire, et on la met en contact avec un outil qui, au lieu de rester fixe et de tracer des cercles réguliers suivant une section plane, se déplace lui aussi, et grave des tailles couchées, croisées, en ruban, en ondes, enfin toutes sortes de lignes sinueuses, dont les entrelacements composent des dessins que l'on peut varier à volonté.

Il arrive encore que, pour enrichir le travail, l'orfèvre sème les tailles dites d'*azur* ou de *grain d'orge,* de menus fleurons ménagés en uni. Ce genre de décoration s'obtient à l'aide d'une petite machine armée d'un électro-aimant, qui fait avancer et reculer le burin d'une façon régulière. On couvre les places qui doivent être réservées par un vernis isolant, et ces dessins, interrompant le courant électrique, se trouvent épargnés chaque fois que le burin les rencontre. On peut de cette manière augmenter singulièrement les ressources du guillochage et varier ses effets presque à l'infini.

Enfin, en 1878, l'exposition d'un orfèvre américain, M. Tiffany, révéla à ses confrères du vieux monde un mode fort ancien de décoration, moins banal que le guillochage. Nous voulons parler du martelage, très usité au moyen âge, mais si bien oublié depuis lors, qu'il parut être une nouveauté. Ce procédé, renouvelé des anciennes pratiques, a trouvé de suite son emploi chez nous; tant il est vrai que l'ingéniosité infatigable de nos orfèvres est constamment à l'affût de tous les perfectionnements que l'on peut imaginer.

L'objet principal des diverses sortes de guilloché, de martelé, etc., qu'ils soient simples ou précieux, est, nous l'avons dit, de former avec les parties unies un contraste qui enlève à l'objet sa fatale monotonie. Quant aux parties qui demeurent unies, on leur donne par le *brunissage* ou par le *polissage* un éclat un peu froid, médiocrement plastique, mais qui plaît beaucoup aux amateurs inexpérimentés.

Le brunissage s'exécute à l'aide d'un instrument d'acier appelé *brunissoir,* que des ouvriers et surtout des ouvrières, femmes et jeunes filles, appuient fortement sur le métal, et dont le passage rapidement répété unifie les surfaces. Le polissage, lui, s'obtient en frottant la pièce d'abord avec de la pierre ponce broyée et mélangée d'huile d'olive, ensuite avec du rouge d'Angleterre réduit en poudre très fine, et converti en une pâte au moyen d'un malaxage dans l'alcool.

Le brunissage et le polissage, que le public confond très souvent l'un avec l'autre, ne produisent pas, cependant, des effets identiques. La première de ces deux opérations se traduit toujours à la surface par une sorte d'hésitation, de frémissement, que la matière conserve de son contact direct avec la main de l'ouvrier. La seconde, au contraire, par sa régularité absolue, prend un aspect brillant à l'excès, miroitant, presque aveuglant, qui longtemps a séduit les Anglais, mais dont ils commencent à revenir. En France on a toujours mieux aimé le brunissage, qui donne plus de cohésion au métal, resserre ses pores dilatés par le feu ou par l'étirement au tour ou au balancier, et communique aux surfaces une tenue plus calme et plus mâle.

Si le brunissage est généralement admis pour les pièces de service courant, pour celles qui sont de décoration, l'œil préfère de beaucoup un poli moins vif, permettant aux formes de se dessiner d'une façon plus franche, aux contours de garder plus d'ampleur et de gras, et, par l'absence des reflets, de demeurer plus lisibles. Pour apaiser le brillant du métal, les orfèvres emploient un certain nombre de procédés dont ils savent tirer des effets variés. Ils ont recours soit à une très faible oxydation, soit à une légère morsure à l'eau-forte, soit enfin à ce qu'ils nomment le *poli gras*, qu'on obtient en frottant la pièce avec une brosse à fils de laiton enduite d'huile et appelée *gratte-boesse*[1] On parvient de la sorte à un demi-poli doux, caressant à l'œil, et permettant à l'argent de s'envelopper d'ombres grises et de demi-teintes qui mettent admirablement en valeur les reliefs de la ronde bosse et du repoussé.

Enfin, pour les ouvrages de prix, ne craignons pas de le redire, c'est exclusivement au ciseleur que l'on s'adresse. Par le martelage, par les pointillés et les sablés qu'il exé-

---

1. On fait également des gratte-boesses de fils de verre qui s'emploient à sec et sont usitées surtout pour les pièces dorées légèrement et dont on veut ménager la dorure.

cute au ciselet, au matoir, à la pointe cassée, à la molette, cet artiste donne à l'épiderme de l'argent tous les aspects qu'il lui plaît. Ainsi jusqu'en ses dernières façons l'orfèvrerie soignée recourt à la main de l'homme, met à contribution son habileté, son expérience, son goût, et demeure, par là même, un art dans toute la force du terme.

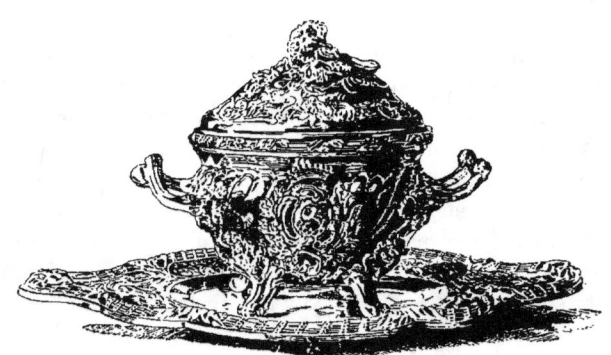

Fig. 97. — Soupière en argent repoussé et ciselé (XVIIIe siècle).

L'ORFÈVRERIE

DEUXIÈME PARTIE

RÉSUMÉ HISTORIQUE

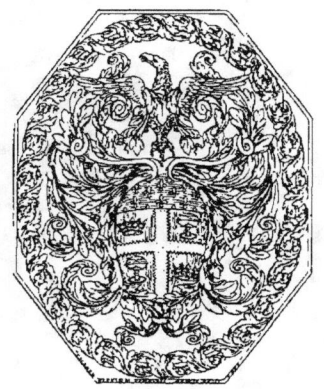

Fig. 98. — Armoiries des orfèvres parisiens,
d'après un dessin du XVIIe siècle.
(BIBLIOTHÈQUE DE LA VILLE DE PARIS.)

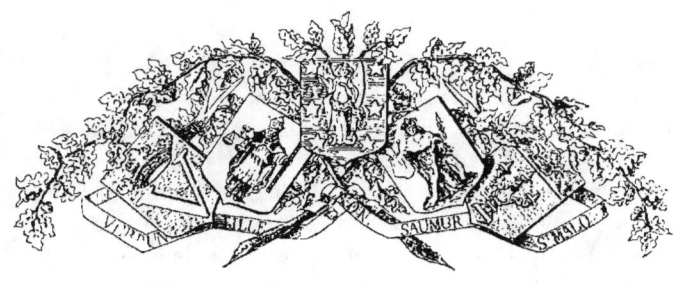

I

ANTIQUITÉ ET PÉRIODE BARBARE

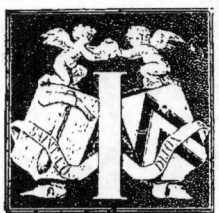L serait, semble-t-il, oiseux de discuter aujourd'hui avec Voltaire si l'on doit admettre que les Juifs aient pu, en plein désert, et pendant que Moïse était en conférence avec le Très-Haut, exécuter, au cours d'une seule nuit, le modèle et le moule de leur fameux veau d'or, et jeter cette idole en métal. La constatation seule que ce fait, vrai ou controuvé, a pu trouver place dans un texte aussi ancien que l'*Exode*, suffit à prouver la haute antiquité de l'orfèvrerie. Les détails que nous fournit ce même livre[1] sur les instructions données par le Seigneur à son fidèle et irascible prophète, relativement à la confection de l'arche sainte et des vases d'or qui devaient servir au culte nouveau, nous révèlent en outre l'existence, à ces lointaines époques, d'une profession depuis longtemps en possession de procédés relativement compliqués et absolument maîtresse de ses moyens ; et c'est là tout ce qu'il importe de retenir. Le bel art qui nous occupe n'était déjà plus à ses débuts. Depuis bien des siècles

---

1. *Exode*, ch. xxv.

il était pratiqué non seulement en Égypte, mais même en Arabie chez les peuples pasteurs. On se souvient que c'est avec un présent d'orfèvrerie qu'Éliézer aborda Rébecca et captiva sa bienveillance.

Chez les Grecs comme chez les Hébreux, les plus anciens monuments de la littérature attestent le haut degré de perfection auquel, dès les temps préhistoriques, la mise en œuvre de l'or et de l'argent était parvenue. Homère consacre la meilleure partie du XVIIIe chant de l'*Iliade* à célébrer l'ornementation compliquée du bouclier d'Achille, et la description encore plus détaillée qu'Hésiode trace de l'armure d'Hercule, embrasse un poème presque entier. Même en tenant compte de la part qui revient, dans ces longs récits, à l'imagination du poète, on en peut conclure que les Grecs étaient déjà familiarisés avec les ouvrages d'orfèvrerie les plus complexes. Les admirables découvertes de l'érudition moderne sont venues, depuis peu, démontrer la relative exactitude de ces descriptions dithyrambiques.

Enfin, les inscriptions cunéiformes de l'Assyrie dont nos savants ont les premiers pénétré le mystérieux langage, en constatant officiellement l'étonnante richesse des monarques de ce pays, en énumérant notamment la surprenante quantité de meubles et de bijoux que le roi Sargon rapporta comme butin de ses nombreuses conquêtes, nous dévoilent assez que le travail des métaux précieux avait atteint chez les peuples orientaux un développement considérable. Il ne faut donc pas s'étonner qu'après les guerres médiques, les artistes grecs aient pu entreprendre et mener à bien la confection de ces énormes ouvrages en or et en argent que décrivent les historiens, et dont la prodigieuse richesse n'a pas cessé d'être pour nous un sujet d'admiration et de surprise.

Il appartenait, au surplus, au génie de cette admirable nation de porter l'orfèvrerie à un point de perfection qui n'a guère été dépassé depuis. A Rome, où la passion de

L'ORFÈVRERIE

l'argenterie fut encore plus développée qu'à Athènes ; à Rome où l'on vit, au dire de Plutarque, des palais entiers

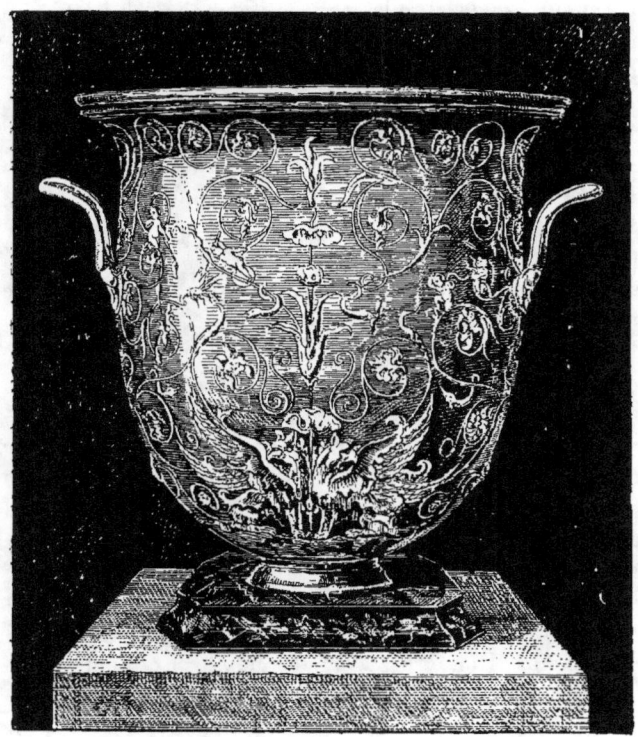

Fig. 101. — Grand cratère antique en argent repoussé et ciselé
provenant du trésor de Hildesheim (*Hennepolis*)
(reproduit en galvanoplastie par la maison Christofle).

uniquement garnis de meubles d'argent et d'or, les personnages les plus illustres et hiérarchiquement les plus élevés non seulement mettaient un grand amour-propre à la possession de vases en métal précieux, mais encore attachaient une sorte de gloire à faire servir sur leurs tables des coupes, des œnochoés, des patères de vieille orfèvrerie, dont on attribuait la paternité aux grands artistes de l'ancienne Grèce.

C'est ainsi que Caligula se vantait de boire journellement dans la coupe dont Alexandre le Grand avait fait usage. Pline parle de vases que les amateurs de son temps achetaient jusqu'à cinq et six mille sesterces[1] la livre; et Martial se plaint d'être obligé, au cours des longs repas, d'entendre ressasser la généalogie de coupes et de bassins dont on fait remonter l'origine au temps de Nestor et d'Achille. Un certain nombre de pièces qui nous ont été conservées de la belle époque romaine démontrent, au reste, que l'admiration des anciens pour leur orfèvrerie était largement justifiée.

La superbe patère en or trouvée au commencement de ce siècle à Rennes[2]; les soixante objets, vases, disques, tasses, spatules, ustensiles de tous genres, groupes et statuettes, qui furent mis au jour, il y a une cinquantaine d'années, auprès de Bernay; le grand et précieux disque pêché dans le Rhône il y a près de deux siècles et connu sous le nom de *bouclier de Scipion*, tous ces superbes objets, pieusement conservés au Cabinet des médailles, viennent, avec la magnifique réunion de pièces de décoration et de service découvertes, il y a environ vingt ans, auprès d'Hildesheim (Hanovre), avec les nombreux monuments composant le trésor de Notre-Dame d'Alençon (Eure-et-Loir), que l'on peut voir au Louvre dans la *Salle des bijoux*, et avec quantité d'autres ouvrages qui sont l'ornement des musées européens, attester l'incomparable perfection à laquelle l'orfèvrerie romaine était parvenue aux premiers temps de l'Empire.

1. De 1,160 à 1,400 francs de notre monnaie.
2. Cette belle pièce, extrêmement précieuse, car les pièces d'orfèvrerie en or de cette époque sont de la plus insigne rareté, ne pèse pas moins de 1^k,300 gr. et mesure 0^m,25 c. de diamètre.

Ajoutons que les Latins n'étaient pas seuls épris de ces précieux ouvrages. Avant eux les Étrusques — notre Louvre se charge de le prouver — avaient nourri pour les bijoux d'or et d'argent une passion dont la mort elle-même ne savait triompher. Les couronnes, les diadèmes, les colliers, les épingles en or martelé, repoussé et chargé de filigranes d'une incroyable délicatesse, qui ornent notre grande collection nationale, proviennent, en effet, de tombeaux où ils étaient enfouis. En outre, presque tous les peuples que l'on englobait alors sous la dédaigneuse dénomination de Barbares, possédaient des quantités d'or et d'argent dont on ne soupçonne pas généralement l'importance. Pour ne citer qu'un exemple, emprunté à notre Gaule elle-même, le trésor que les Tectosages conservaient dans leur capitale (Toulouse) et dont Q. Servilius Cepio s'empara vers les premières années du IIe siècle, s'élevait, d'après Posidonius, à quinze mille talents (près de 90 millions de notre monnaie [1]).

Il va sans dire que l'orfèvrerie, dans les provinces éloignées, n'affectait pas ce caractère d'art recherché et raffiné qu'on trouvait encore en Grèce et qui fleurissait à Rome. De ce côté des Alpes, toutefois, le travail des métaux précieux était depuis longtemps en honneur et pratiqué avec un indiscutable mérite. Les premières armées gauloises auxquelles se heurtèrent les légions romaines portaient des enseignes brillantes, représentant un cheval libre, une laie, un sanglier. Les plaques, les agrafes, les torques, les umbos de bouclier, retrouvés aux environs d'Alise, et contemporains du siège de cette valeureuse cité, montrent une ornementation fine, des proportions heureuses, une exécution délicate, pleine à la fois d'habileté, de savoir et de goût. Les adversaires de César possédaient déjà des orfèvres expérimentés.

Au contact de leurs vainqueurs, les Gaulois achevèrent

1. Ferdinand de Lasteyrie, *Histoire de l'orfèvrerie*, p. 41.

de se policer. La période d'un siècle qui s'étend de la proclamation de Vespasien à celle de Commode vit les arts se développer dans nos provinces, au point d'égaler ceux de la métropole. Partout s'élevaient des temples, des maisons, des villas bâties et meublées à la mode d'Italie, où le luxe complétait le confort. Partout les pompeuses architectures dessinaient leurs lignes à la fois élégantes et nobles, et les statues s'alignaient en bel ordre sous les portiques majestueux. Ces statues, distinguées de formes, aux gestes sobres, à l'attitude calme et réfléchie, égalent par la science de leurs proportions et la dignité de leurs poses les œuvres romaines du plus beau temps. Le Jupiter d'Évreux, les bas reliefs du tombeau de Saint Remi, les sarcophages d'Arles et de Clermont, l'arc d'Orange, la statuette d'Annecy, montrent assez à quelle perfection les arts plastiques étaient parvenus en Gaule.

De cette époque lointaine nous avons, au surplus, les confidences d'un témoin aimable et indiscret. Sidoine Apollinaire, Lyonnais de naissance, Romain par ses alliances, fonctionnaire, évêque et poète, raconte en vers et en prose la vie patricienne qu'on menait alors, et mille souvenirs viennent confirmer ce qu'il nous dit du luxe et des arts. Malheureusement cette civilisation délicate et raffinée ne devait pas trouver grâce devant les Francs, les Germains et les Burgondes. Lorsqu'ils pénétrèrent dans la Gaule, ces envahisseurs n'étaient plus, cependant, des sauvages incultes. Ils savaient façonner les métaux, fondre le cuivre et l'incruster, repousser et marteler l'or et l'argent, et les réduire en feuilles minces. Ils couvraient de lames estampées ou gaufrées les poignées de leurs glaives, les agrafes de leurs manteaux, leurs boucliers et leurs casques. Mais ils étaient incapables de comprendre les correctes beautés de l'art qui leur était brusquement révélé[1].

1. Voir Amédée Thierry, *Histoire d'Attila et de ses successeurs*; Baudrillart, *Histoire du luxe*; *l'Art à travers les mœurs*, etc.

En outre, dans ce pays conquis, ils apportaient, avec leur esthétique personnelle, une insatiable cupidité qui leur fit mutiler et détruire, pour les fondre, les vases, les bassins, les coupes, les statues, en un mot tous les ouvrages d'or et d'argent dont ils purent se saisir.

C'est en vain que leurs chefs et leurs souverains, mieux

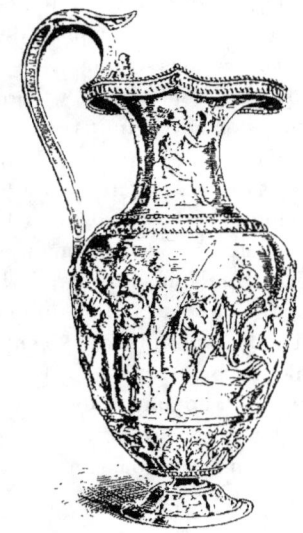

Fig. 102. — Grand vase à vin (œnochoé) du trésor de Bernay.
(CABINET DES MÉDAILLES.)

préparés, mieux entourés, s'efforcèrent de réagir contre ces tendances étroites et rapaces. Les plus policés de ces farouches guerriers, les Francs eux-mêmes, ne voulurent rien entendre au raffinement de la civilisation gallo-romaine. Ils proclamaient hautement leurs primitives parures supérieures à celles exécutées à grands frais par les artistes venus d'Italie, et, ainsi que le remarquait fort bien notre éminent et regretté ami B. Fillon, leur art rudimentaire acheva de s'imposer au pays entier « juste au moment où l'aristocratie, plus rebelle que ses rois à l'influence des idées romaines et chez qui la féodalité était en germe, entra en lutte avec les Mérovingiens et ne tarda pas à les subalterniser[1] ».

Vingt cimetières de cette époque découverts et fouillés, dix mille tombes explorées avec un soin minutieux, ne livrent pas à l'archéologie dix objets qui ne portent le cachet de la barbarie. Des dessins géométriques, des lignes droites, courbes, ou brisées, des cercles, des entrelacs, des méandres, telles sont les combinaisons, ingénieuses assurément, mais essentiellement primitives, — bégayements d'une civilisation enfantine, — qui ont remplacé dans les œuvres de métal ces gracieuses représentations humaines, ces guirlandes harmonieuses, ces élégants trophées, auxquels les productions de l'art gallo-romain empruntent un charme si particulier. Une fois de plus, la barbarie a fait faire à des peuples aimablement policés un brusque retour en arrière; et si les conquérants qui occupèrent alors la Gaule conservèrent une orfèvrerie, c'est que cet art précieux, né de la vanité de l'homme et de la coquetterie de la femme, remontant par conséquent aux premiers âges du monde, est immortel comme les passions auxquelles il doit le jour.

1. *L'Art romain et ses dégénérescences.* Voir *les Beaux-Arts et les Arts décoratifs;* Paris, 1879; tome II, p. 121.

II

LES TEMPS MÉROVINGIENS ET CARLOVINGIENS.
LA PÉRIODE ROMANO-BYZANTINE.

Une noble et sainte figure éclaire la longue nuit mérovingienne qui succéda chez nous à la période gallo-romaine, celle de l'orfèvre Éloi, grand homme au sens le plus complet du mot, esprit élevé, affiné, délicat, artiste de génie pour son temps, « qui devint évêque sans avoir été clerc, et saint bien qu'ayant été évêque ». Avec cela ministre d'un prince tout-puissant, à la fois volontaire, magnifique et superstitieux, Éloi, par les ordres de son maître, enrichit les églises, les couvents, les chapelles du royaume, d'une prodigieuse quantité d'orfèvreries, dont quelques-unes, au dire de ceux qui les purent contempler, méritaient amplement le titre de chefs-d'œuvre.

Ce n'est pas qu'avant Dagobert et son vénéré collaborateur, les églises franques aient chômé de vases d'or et d'argent. La conscience mal rassurée des princes de ce temps les portait à faire aux sanctuaires en renom des générosités copieuses. De leur côté, les évêques employaient une partie de leurs immenses revenus à doter leurs cathédrales d'ornements somptueux. Au nombre de ces prélats bienfaisants on mentionne Syagrius, évêque d'Autun, et Didier, évêque d'Auxerre, comme s'étant spécialement distingués par une prodigalité fastueuse. Un très ancien manuscrit, conservé aux archives de l'Yonne, contient l'*Inventaire* des pièces d'orfèvrerie dont ce dernier prélat gratifia son propre chapitre, et l'énumération de ce trésor, qui comprend des bassins, des lampes, des patènes, des calices, des reliquaires, des croix et jusqu'à des escabeaux d'argent, se termine par la mention d'un certain nombre d'objets dont la destination et la forme ne nous sont plus connues. Il est à croire, toutefois, que ces ouvrages, assurément fort précieux, se recommandaient bien plus par leur valeur intrinsèque que par la délicatesse de leur décoration ou par l'élégance de leurs formes.

La haute réputation qui s'attacha de suite aux ouvrages et au nom de saint Éloi semble prouver, en effet, que celui-ci fit faire un pas énorme à la profession qui allait désormais s'abriter sous son intervention vénérable. Les œuvres considérables exécutées certainement sous sa surveillance directe et vraisemblablement sur ses dessins et avec sa participation; les innombrables châsses dont saint Ouen, son disciple, parle avec une admiration sans mélange[1]: celles notamment de Saint-Martin de Tours, de Saint-Denis, de Sainte-Geneviève, de Sainte-Colombe, de Saint-Séverin, de Saint-Quentin, de Saint-Jullien, de Saint-Lollien, de Saint-Piat, de Saint-Maximin, de Saint-Brice, etc.; la grande croix d'or, haute de près de cinq pieds et demi, toute couverte de pierreries, dont le pieux orfèvre orna le maître-autel de la basilique de Saint-Denis; le calice et la croix qu'il offrit à l'église du Chatelard, son lieu de naissance; les chandeliers dont il enrichit la cathédrale de Limoges, où il avait appris son métier dans l'atelier du monétaire Abbon; toutes les pièces dont les écrits de Suger[2] et l'*Inventaire du trésor de Saint-Denis*, église favorite de Dagobert, nous livrent la description; cette surprenante quantité d'objets de toutes sortes, très importants par leurs dimensions, célèbres par leur magnificence, admirés des contemporains, attestent hautement la prodigieuse activité, la science et le goût du saint orfèvre et de ses dévoués collaborateurs. Enfin, l'événement qui acheva de mettre saint Éloi en évidence, les économies qu'il réalisa sur la façon du trône de Dagobert, et le scrupule inattendu, si en dehors

---

1. *Vita sancti Elegii*, lib. I. cap. xxxii, et lib. II, cap. vi.
2. *Hist. Franc. Script.*, tome IV, p. 349.

des mœurs du temps, qui lui fit restituer au roi l'excédent d'or qu'il n'avait pas employé, nous apprennent qu'il possédait non seulement une exceptionnelle probité, mais encore la pratique toujours délicate des alliages[1]. Éloi peut donc être considéré comme un orfèvre de premier mérite pour son temps. Néanmoins il ne paraît pas que cet artiste — si considérable qu'il ait été — ait osé rompre avec les formules ornementales que les Francs vainqueurs avaient imposées à la Gaule réduite et soumise.

Il n'y a pas de présomption, en effet, qu'il exécuta non pas une figure humaine en ronde bosse, un buste, une statue, mais même des vases, des croix, des châsses, ornés de bas-reliefs représentant des animaux ou des personnages ; et les rares gravures qui nous sont offertes comme images authentiques de certaines de ses œuvres, nous montrent

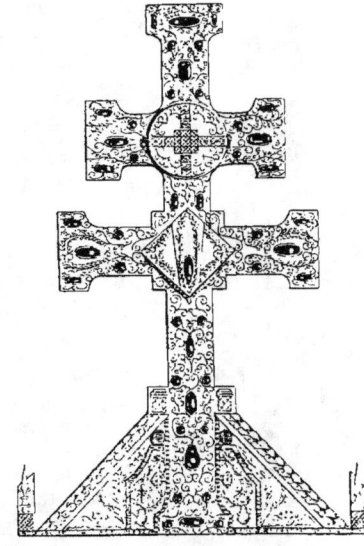

Fig. 103. — Grande croix en or repoussé, décorée de filigranes et de cabochons, attribuée à saint Éloi.

des pièces d'un galbe assurément gracieux, mais très simple et très primitif, ornées de cabochons et d'arabesques de filigrane, mêlées de plaquettes d'or estampées au marteau, et uniquement décorées de dessins géométriques (voir fig. 103). Ce système de décoration, au surplus, était appelé à demeurer en honneur encore pendant plusieurs siècles, et peut-être saint Éloi dut-il son étonnante célébrité

---

1. Labarte, *Histoire des arts industriels*, tome Ier, p. 244.

à ce fait qu'il sut amener ce genre de décor à un point de perfection relative.

C'est, en effet, cette même ornementation, cette même association de filigrane d'or et de pierres précieuses que nous retrouvons sous les Carlovingiens et jusque sous les descendants directs de Hugues Capet. La couronne du roi wisigoth Recesvinthe, décédé en 672, c'est-à-dire juste treize ans après la mort de saint Éloi; la couronne de Charlemagne, conservée au trésor impérial de Vienne; le livre de prières connu sous le nom de *Bible de Charles le Chauve*, et la reliure des quatre évangiles à l'usage de Metz que possède notre Bibliothèque nationale; ceux des objets du trésor si curieux de Conques (Aveyron) qui remontent aux temps les plus lointains; le calice dit de saint Remi, qui, après avoir longtemps séjourné au Cabinet des médailles, fut restitué en 1861 à la cathédrale de Reims; le joli vase en verre grénelé qui provient de Suger et qu'on peut admirer dans la galerie d'Apollon; toutes ces pièces, bien que la plupart soient très postérieures à saint Éloi et embrassent, comme fabrication, un espace de près de quatre cents ans, demeurent fidèles à cette ornementation d'une magnificence un peu primitive, mais cependant délicate et surtout caractéristique.

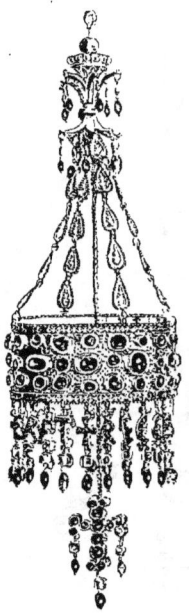

Fig. 104. — Couronne du roi wisigoth Recesvinthe. (MUSÉE DE CLUNY.)

Toutefois, dès le règne de Charlemagne, prince artiste s'il en fut et dont les capitulaires ordonnaient la création d'ateliers d'orfèvrerie dans toutes les juridictions de l'Em-

L'ORFÈVRERIE

pire, un fait considérable s'était produit. Aux cabochons dont avaient été décorées jusque-là les pièces d'orfèvrerie, on avait substitué des camées antiques, des plaquettes d'ivoire sculptées de bas-reliefs, et des émaux byzantins. Ainsi la représentation humaine avait trouvé place de nouveau dans les œuvres des orfèvres, et ceux-ci, entraînés par une pente naturelle, allaient peu à peu cesser de s'attarder

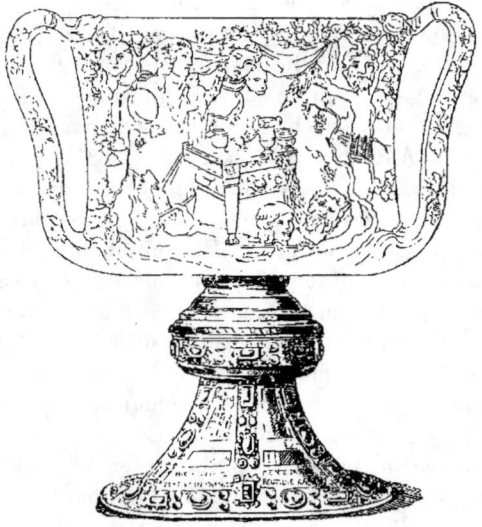

Fig. 105. — Coupe dite des Ptolémées. (CABINET DES MÉDAILLES.)

dans la combinaison forcément monotone des lignes géométriques, pour associer, dans leurs compositions ingénieuses, l'observation de la nature aux grandes lignes de la décoration. L'orfèvrerie, en accomplissant cette évolution intelligente, ne faisait, au surplus, que se conformer à la marche suivie par les autres arts. Le beau vase gravé qui porte le nom de coupe des Ptolémées, et dont le hanap antique est complété par une monture carlovingienne, montre le point de départ de cette féconde transformation, dont la fin est marquée par le magnifique vase de porphyre converti en vautour (voir fig. 1) qui provient de Suger et qu'on peut admirer au Louvre.

Mais avant d'arriver à ce grand abbé, qui, ministre de deux rois, a brillé au moins autant comme homme d'État que comme prêtre, il nous faut mentionner les noms d'un certain nombre d'hommes d'église qui se sont vivement intéressés aux progrès de l'orfèvrerie : ceux des évêques Aaron, Héribald et Hincmar; ceux encore du bienheureux Perpetuus, d'Angilbert, abbé de Saint-Ricquier, et d'Ansegise, abbé de Saint-Vandrille, tous grands amateurs de belles croix et de riches ciboires. On peut également citer, d'après Augustin Thierry, deux orfèvres du nom d'Othon qui l'un et l'autre habitaient la Normandie, et emprunter à M. Labarte les noms de trois orfèvres français : Odulphus, Bernelinus et Bernuinus, qui furent, le premier moine de Saint-Ricquier, les deux autres chanoines de Sens. Malheureusement rien n'est demeuré des ouvrages commandés par ces prélats ou exécutés par ces artistes; et antérieurement à Suger, le seul personnage religieux dont quelques souvenirs soient parvenus jusqu'à nous est Bégon, dont l'abbaye de Conques possède un certain nombre de cadeaux, parmi lesquels il faut surtout admirer une statue en or de sainte Foy, haute de 0^m,85, doublement précieuse par la beauté du travail et par son extrême rareté. Quant aux autres ouvrages d'orfèvrerie si nombreux en ces temps lointains, si considérables, si magnifiques, ils ont, hélas! disparu.

Nous citions tout à l'heure les deux vases provenant de Suger que possède le Louvre. Certes ce sont là des morceaux d'un immense intérêt, et pour nous d'une valeur inestimable; mais leur importance est bien minime si on les compare aux merveilleux objets en métal précieux que cet abbé ministre fit fabriquer pour sa basilique préférée, et dont l'étonnante somptuosité provoqua les sévères admonestations de saint Bernard. Les plus importantes de ces orfèvreries superbes furent impitoyablement détruites. Le tombeau de saint Denis et la châsse qui l'enveloppait, véritable chef-d'œuvre des disciples de saint Éloi, dont la description n'occupait pas moins de douze folios dans un *Inventaire de l'abbaye de Saint-Denis* dressé au xve siècle ; la grande croix d'or dont Suger avait orné ce même sanctuaire, et dont le pape était venu en personne effectuer la dédicace ; des retables entiers, des tableaux d'or et d'argent, cent ouvrages qui seraient pour nous sans prix, furent depuis lors anéantis. Eugène III avait cependant fulminé une sentence d'excommunication contre tout individu qui oserait détourner ces précieux joyaux de leur destination sacrée. « Cette mesure comminatoire fut longtemps respectée, écrit M. de Lasteyrie ; au milieu même des guerres de religion, elle eut la puissance d'arrêter les bras des hérétiques. Il était réservé aux plus fougueux catholiques de l'enfreindre les premiers. Ce furent les ligueurs, sous la conduite du duc de Nemours, qui mirent les premiers la main sur ces richesses jusque-là épargnées, et sur beaucoup d'autres objets non moins dignes de respect[1]. »

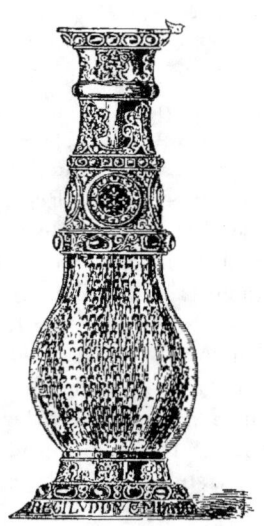

Fig. 106. — Vase en verre grènelé provenant de Suger. (GALERIE D'APOLLON.)

Et ce n'est pas seulement la basilique de Saint-Denis qui fut ainsi mise au pillage. Tous les beaux et précieux ouvrages dont Maurice de Sully, évêque de Paris, Ger-

1. *Histoire de l'orfèvrerie*, p. 131.

vais, abbé de Saint-Germain, Samson, archevêque de Reims, Simon, abbé élu du monastère de Saint-Bertin, Guillaume, abbé d'Andernès dans le diocèse de Boulogne, et nombre d'autres prélats avaient enrichi leurs cathédrales et leurs abbayes, éprouvèrent un sort analogue. Bien avant les guerres de religion, les invasions étrangères, et surtout les malheurs des guerres intestines, avaient vidé les trésors des églises. Geoffroy de Vigeois, dans sa *Chronique du monastère de Saint-Martial*, donne la description des orfèvreries superbes qui furent dispersées ou anéanties lorsque Henri le Jeune, roi d'Angleterre, prit, comme duc d'Aquitaine, possession du Limousin. Les retables, les croix, les chandeliers, les ciboires qui ornaient l'église de Saint-Front, à Périgueux, ne furent pas plus respectés. Dans ces siècles de guerre perpétuelle, l'orfèvrerie religieuse eut partout à compter avec la cupidité des vainqueurs, et l'orfèvrerie civile, qu'aucune crainte superstitieuse ne protégeait, fut encore plus maltraitée. Non seulement elle se trouva soumise au hasard de luttes constantes, se compliquant de pillages réguliers, mais elle eut à compter avec les donations pieuses, qui prenaient parfois les proportions d'un désastre, et avec certaines réalisations périodiques dont nous parlerons au chapitre suivant.

On a presque le droit, après cela, de s'étonner qu'il nous soit resté quelques morceaux d'orfèvrerie d'une époque si troublée. En dépit de leur extrême rareté, les pièces qui nous ont été conservées fournissent matière toutefois à des constatations précieuses. Elles attestent que dès la fin du xie siècle l'orfèvrerie, à l'imitation des autres arts, accomplit un pas décisif. L'artiste, nous l'avons dit, commença de ne plus chercher toute son inspiration en lui-même. Son attention, attirée au dehors, se porta sur les spectacles qui l'entouraient. L'étude si suggestive de la flore et de la faune de nos diverses provinces, l'observation plus attentive de l'homme et de ses œuvres, le besoin de mêler aux enroulements pittoresques et aux arabesques ingénieuses la figure humaine et celle des animaux, l'impression intense produite par la contemplation de l'architecture, qui pendant près de six siècles allait demeurer la grande inspiratrice de l'orfèvrerie, toutes ces préoccupa-

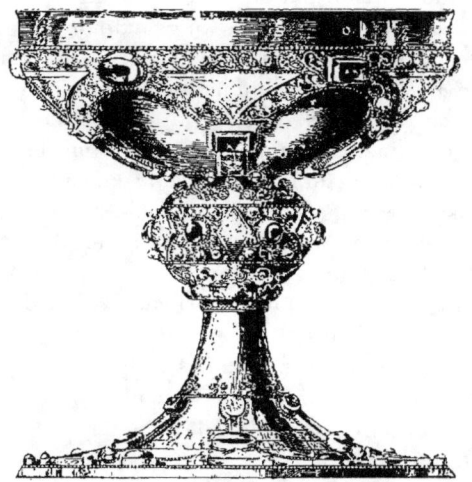

Fig. 107. — Calice dit de saint Remi. (CATHÉDRALE DE REIMS.)

tions, autrefois ignorées, provoquèrent une complète évolution dans le noble art qui nous occupe. Aux combinaisons géométriques exclusivement en honneur durant les siècles précédents, succédèrent de saints personnages alignés en bel ordre sous les arceaux trapus d'édicules robustes; et les branches feuillues portant des fruits ou des fleurs ciselés, se substituèrent aux cabochons sertis dans des rinceaux de filigrane. En même temps l'émaillerie, encore parquée dans les étroites cellules où l'orfèvre limousin la tint si longtemps cloisonnée, remplaça par ses chaudes et vibrantes colorations le reflet des pierreries. Grâce à elle, l'orfèvre put enrichir les parois de ses châsses de véritables tableaux représentant les héroïques immolations et les saintes hécatombes, et, interprète ému du martyrologe chrétien, n'ayant plus à compter avec les exigences du lapidaire, il put donner un libre essor à sa verve décorative.

Une pareille transformation — est-il besoin de le dire? — ne s'accomplit pas sans de longs tâtonnements, sans hésitation et sans peine. Un livre précieux entre tous, la *Diversarum artium schedula* du moine Théophile, que nous avons déjà eu l'occasion de citer[1], décrit avec une précision que certains écrivains déclarent admirable et que d'autres prétendent insuffisante et trop sommaire[2], les procédés en usage à cette lointaine époque. On y trouve retracées les opérations de moulage, de fonte, de repoussé, de ciselure, de gravure, de dorure et de polissage, tels qu'ils étaient alors pratiqués. L'ornementation des vases, la composition de leurs formes, y fournissent la matière de paragraphes intéressants ; mais il ne paraît pas qu'en cette période romano-byzantine la conception artistique ait été, en tant qu'interprétation de la nature, à la hauteur de l'habileté technique.

L'artiste, en effet, dans l'ordonnance et la composition de ses décorations nouvelles n'est, en aucune façon, tourmenté par le souci de la vérité, et l'exactitude demeure la moindre de ses préoccupations. Ses personnages généralement incorrects, difformes même, greffent sur des bustes trop longs des membres trop petits. Les fleurs et les feuillages volontairement simplifiés, et transformés, par une heureuse abstraction des détails, en ornements conven-

---

1. *Théophili Presbyteri et Monachi libri III, seu diversarum artium schedula* (publié par le comte Charles de l'Escalopier. Paris 1843).
2. Voir, relativement à ces deux opinions contradictoires, M. de Lasteyrie, *Histoire de l'orfèvrerie*, p. 125, et Jean Garnier, *Manuel du ciseleur*, p. 83.

L'ORFÈVRERIE 123

tionnels, abritent sous leurs enroulements des animaux qui restent barbares et fantastiques. Les nuages qui occupent le ciel, les arbres et les rochers qui s'étagent sur le sol, ne sont, suivant un mot très fin de Mérimée, que des « explications graphiques » exemptes de toute idée précise d'imitation. L'image ainsi comprise demeure un pur symbole, auquel on ne cherche à donner ni la ressemblance ni la vie. Mais cette expression d'un art nouveau, tout imparfaite qu'elle soit, n'en reste pas moins digne d'être étudiée, car elle laisse entrevoir la magnifique efflorescence qui allait, dans l'histoire générale de l'art, placer au premier rang la période suivante.

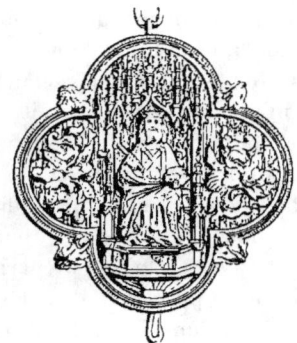

Fig. 108. — Médaillon représentant saint Éloi, et provenant du collier des orfèvres de Gand.

III

LA PÉRIODE OGIVALE

Avec le xiiie siècle s'ouvre une époque glorieuse et féconde pour l'orfèvrerie française. Cet épanouissement n'eut pas pour cause unique un redoublement dans l'affection immodérée que la noblesse et le clergé avaient antérieurement marquée pour les métaux précieux et pour leur traduction en beaux ouvrages. Une recrudescence de ce genre n'était guère possible. Un moment, il est vrai, les sombres appréhensions de l'an 1000 avaient attiédi quelque peu et relégué au second plan cet amour désordonné des argenteries magnifiques. Mais, la date fatale une fois passée, les craintes s'étaient évanouies; le monde s'était senti renaître à l'espérance, et l'invincible passion avait repris de plus belle. Si le moindre doute pouvait exister sur le goût excessif de nos ancêtres du xie et du xiie siècle pour les brillantes orfèvreries, la littérature du temps suffirait à le lever. Chansons de geste, romans, chroniques, tous les poèmes, tous les récits relatifs à cette lointaine période de notre histoire, prennent, par la précision des détails, l'importance et la netteté d'une déposition. Le *Roman de Berthe aux grands pieds*, la *Chronique rimée* de Philippe Mouskes, le *Roman du chevalier au cygne*, celui de *Godefroid de Bouillon*, la gracieuse *Histoire de Floire et Blancheflor*, etc., non seulement attestent cette persistante tendresse, mais fournissent même sur le bel art que nous étudions des renseignements instructifs.

Comme preuve des révélations curieuses que nous offrent certains de ces textes, un peu trop négligés des historiens spéciaux, on pourrait citer, rien que dans cette dernière *histoire*, une centaine de vers consacrés à la description d'une

>   ... chière coupe d'or
>   Qui fut emblée du trésor
>   Au riche emperéour de Rome.

Détaillant les scènes relatives à la guerre de Troie représentées à l'entour de ce joyau, l'auteur nous révèle indirectement l'importance considérable que, durant le XIIIe et le XIVe siècle, les émaux translucides appliqués sur basse-taille prirent dans l'orfèvrerie de service. Un autre passage de ce gracieux roman nous apprend que la tombe de Blancheflor, exécutée par de « boins orfèvres bien sachans », fut

>   ... moult bien ovrée
>   D'or et d'argent et néellée,

et prouve ainsi l'emploi courant des nielles pour la décoration des plus vastes ouvrages. Dans le *Roman du chevalier au cygne*, à peine la reine Matabrune a-t-elle pu s'emparer des chaînes qui ornaient le col de ses petits-fils, qu'elle envoie chercher « ung orfèvre qui estoit boin ouvrier »,

>   Et li dist : « Allez moy une couppe forgier
>   Et le me raportès, puis arès vo loyer. »

Et la façon familière dont cette commande est donnée non seulement nous renseigne sur les rapports qui existaient alors entre les plus grands princes et les orfèvres, mais nous dénonce surtout l'empressement singulier qu'on apportait à faire traduire en vases, en coupes, en drageoirs, toutes les matières d'or et d'argent dont on pouvait se saisir. L'orfèvrerie, en effet, à ces lointaines époques et, du reste, pendant tout le moyen âge, joua un rôle politique et social qu'elle a perdu depuis. « C'était tout l'avoir des rois, des princes, des seigneurs, écrit avec beaucoup de raison M. de Laborde[1]. Ce que nous plaçons dans les fonds pu-

---

1. *Notice des émaux du Louvre*, p. 84.

blics, dans les actions industrielles, ce que nous possédons en argent comptant, le seigneur du moyen âge l'avait en orfèvrerie...: capital mort sans doute, mais qui donnait, au lieu d'intérêts, le plaisir fastueux d'étaler ses richesses sur les dressoirs aux jours de grandes fêtes et de repas magnifiques[1]. »

Jusqu'à la fin du xve siècle, ces brillantes exhibitions firent, en quelque sorte, partie du cérémonial obligé de la cour. Aux banquets, aux repas qui accompagnaient les entrées solennelles, les joutes, les pas d'armes, les tournois, toute l'orfèvrerie royale ou princière, soigneusement gardée « par chevaliers à ce ordonnéz[2] », était exhibée aux regards de la foule, qui jugeait de la puissance et de la richesse du prince par le poids et la beauté de ces superbes vases aux formes étonnamment variées. Les grandes réceptions des ambassadeurs, les mariages, les baptêmes, étaient autant d'occasions de renouveler ces expositions magnifiques, et Aliénor de Poitiers, dans son curieux livre intitulé *les Honneurs de la cour,* nous montre comment les ducs de Bourgogne prêtaient leur admirable argenterie, pour augmenter l'apparat des relevailles des princesses de la famille ducale. Puis, revers de la médaille, lorsque les sombres jours venaient à luire, toute cette provision de meubles précieux formait une réserve métallique où l'on puisait à pleines mains pour subvenir aux frais de la guerre, payer les hommes d'armes, acheter les consciences, acquitter les rançons, ou pour se concilier la faveur divine.

On comprend mieux, après ces explications, la tendresse

---

1. Il est à croire que dans l'antiquité l'orfèvrerie jouait un rôle analogue, car, nous l'avons dit plus haut, on ne rencontre presque pas de pièces remontant à la période gallo-romaine qui ne portent la marque de leur poids et par conséquent l'indication de leur valeur intrinsèque.

2. Voir le *Livre des faiz et bonnes mœurs du sage roy Charles,* tome II, p. 109 et 110; les *Chroniques de Lefèvre de Saint-Remy,* tome II, p. 160, etc.

toute particulière que les grands seigneurs ressentaient pour ces somptueux objets, enseigne visible de leur puissance, ressource suprême aux mauvais jours; et l'on s'explique comment, dans ces temps si étrangement troublés, certains princes parvenaient à concentrer dans leur trésor

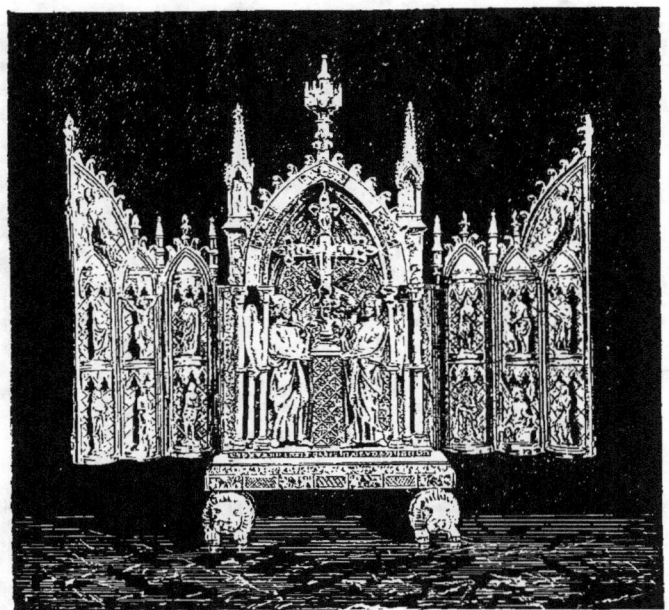

Fig. 109. — Triptyque en or (xvᵉ siècle).

une quantité invraisemblable de pièces d'orfèvrerie. Une suite de documents d'un rare intérêt nous permettent de nous rendre un compte presque exact non seulement de la surprenante richesse de ces trésors, mais encore des modifications radicales qui, au XIIIᵉ et au XIVᵉ siècle, se produisirent dans l'esthétique des orfèvres.

Au premier rang de ces documents si précieux à tous

les titres, il faut placer le *Livre des mestiers* d'Étienne Boileau, dont les curieux chapitres nous initient aux statuts compliqués qui, dès le règne de saint Louis, gouvernaient la corporation des orfèvres; les *Comptes* des argentiers royaux, notamment ceux de Geoffroy de Fleuri et d'Étienne de la Fontaine; les *Exécutions testamentaires* de Clémence de Hongrie et de Jeanne d'Évreux, et surtout les *Inventaires* princiers des descendants directs de Philippe de Valois, du duc de Normandie, du duc Louis d'Anjou, de Charles V, du duc Jean de Berry, des ducs Jean et Philippe de Bourgogne.

Fait remarquable et qui prouve combien les orfèvres étaient déjà maîtres des procédés d'affinage, les règlements consignés dans le livre d'Étienne Boileau[1] s'occupent surtout du titrage de l'or et de l'argent, qui, étant donné le rôle complexe joué par l'orfèvrerie, devait être l'une des grandes préoccupations de ce temps. Les ateliers parisiens ne pouvaient mettre en œuvre d'or s'il n'était à la touche de Paris — laquelle, est-il dit, dépasse toutes celles qu'on employait alors sur le reste du globe, — et d'argent s'il n'égalait au moins l'aloi des esterlins, c'est-à-dire de la monnaie la plus dépourvue d'alliage. Les maîtres orfèvres avaient le droit de prendre en apprentissage leurs jeunes parents ou ceux de leurs femmes, mais en fait de personnes étrangères à leurs familles, ils ne pouvaient occuper qu'un apprenti, qu'ils devaient garder au moins dix ans. Cette disposition restrictive, d'une rigueur singulière, faisait de la maîtrise un privilège en quelque sorte héréditaire, et de la réunion des maîtres une espèce de féodalité commerciale. Il était, en outre, défendu de travailler la nuit et de trafiquer le dimanche. Ceux qui ouvraient leur boutique ce jour-là étaient tenus de verser le bénéfice qu'ils avaient réalisé dans la caisse de la corporation. Tous les ans le contenu de cette caisse servait à offrir un banquet aux pau-

---

1. *Les Métiers et Corporations de la ville de Paris*, le *Livre des métiers* d'Étienne Boileau, p. 32 et suiv.

vres de l'hôtel-Dieu. Les maîtres enfin prêtaient le serment de se conformer à leurs *statuts*, et trois jurés ou prud'hommes veillaient à la bonne exécution des règlements, avec le droit de punir les délinquants du bannissement ou de l'amende.

Sous la protection de cette loi librement acceptée, les orfèvres de Paris n'avaient pas tardé à devenir nombreux et riches pour la plupart. Les *Registres de la taille* pour l'année 1292 mentionnent plus de 110 maîtres en exercice. Sur ceux de l'année 1313 on en relève 156, d'abord installés sur le pont au Change, où Jean de Garlande nous les montre assis devant leurs établis ou occupés à leur forge et exécutant sous les yeux mêmes du public leurs beaux ouvrages. Chassés de cette première résidence par l'écroulement de ce pont, ils se répandirent sur la rive droite, dans le quartier Saint-Martin, dans les rues Quincampoix, Bourg-l'Abbé, Aubry-le-Boucher, au-tour de la paroisse Saint-Josse, dont le nom n'allait pas tarder à devenir le synonyme d'orfèvre. Plus tard, tout en conservant leurs boutiques des rues Quincampoix et Aubry-le-Boucher, ils revinrent, après la reconstruction de leur pont, prendre possession de cette voie essentiellement passante, où Guillebert de Metz, en 1420, nous signale de nouveau leur présence.

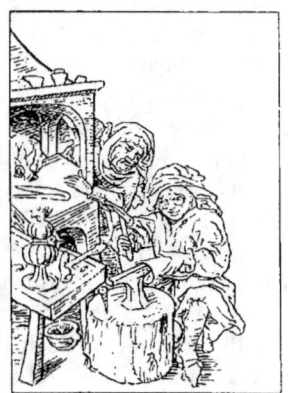

Fig. 110. — Orfèvre façonnant un gobelet, d'après un dessin du *Tableau de la civilisation*.

C'est dans ces ateliers que furent confectionnés tous les beaux ouvrages dont le souvenir nous a été conservé : la célèbre châsse de sainte Geneviève, terminée par l'orfèvre Bonnard en 1212 ; le grand plat allégorique offert à Louis VIII lors de son entrée à Paris ; le sarcophage en argent doré où furent enfermés les restes de Philippe-Auguste ; le reliquaire de la sainte Épine dont Louis IX fit présent à l'abbaye de Saint-Maurice d'Agaure ; la *nef* curieuse, avec tous ses cordages et agrès, que le sire de Joinville offrit en *ex-voto* à l'église de Saint-Nicolas de Varengeville, en reconnaissance de l'heureux retour de Terre sainte ; enfin les innombrables cadeaux que Louis IX et sa femme Marguerite de Provence firent aux églises du royaume, et surtout à la basilique de Saint-Denis, etc. Ces derniers joyaux, d'un goût rare et délicat, avaient été exécutés par Raoul, l'orfèvre favori du saint roi, que Philippe le Hardi anoblit en 1270. C'est encore dans ce milieu si artistique et par ces orfèvres parisiens, dont la renommée était alors européenne, que furent confectionnés le magnifique buste-reliquaire offert en 1297 par Philippe le Bel à la sainte Chapelle, et qui contenait une partie du « chef » de saint Louis ; et l'admirable trône de Jean II qui valut à son auteur, l'orfèvre le Braalier, d'être attaché à la Maison du roi avec le titre de valet de chambre. De cet artisan justement illustre on peut rapprocher Jehan de Lille, Jehan Pascon, Jehan de Toul, les orfèvres attitrés de Clémence de Hongrie ; Jehan Arrode, qui livra l'orfèvrerie de Jeanne de France ; Jehan Lussier et Pierre Chapelier, qui fournirent celle que la sympathique Blanche de Bourbon emporta en Espagne, lorsqu'elle rejoignit son mari Pierre le Cruel, et surtout les noms de Claux Fribourg, orfèvre de Charles V ; de Henri Hambert, orfèvre du duc Louis Ier d'Anjou, etc.

Par les *Inventaires* de ces deux derniers princes, on se fait une idée assez précise du merveilleux talent, de l'inépuisable ingéniosité de ces infatigables artistes. A la mort de Charles V, l'argenterie royale conservée dans les châteaux du Louvre, de Beauté, de Vincennes, de Melun, dans les palais de Saint-Pol, des Tournelles et du Louvre, représentait une valeur intrinsèque de dix-neuf millions, chiffre énorme, surtout si l'on tient compte des crises terribles que traversèrent alors la France et la royauté. L'*Inventaire du duc Louis d'Anjou*, naturellement plus restreint, n'est ni moins varié quand il s'agit de pièces compliquées, ni moins surprenant. Les plats, les hanaps, les coupes, les saucières, les drageoirs, les bassins, les pots, les aiguières, les flacons, les salières monumentales, les écuelles, et jusqu'aux chaudrons d'or, d'argent et de vermeil, s'y comptent par douzaines. Mais ce qui constitue le haut intérêt de ces documents, c'est moins encore le débordement des richesses qu'ils décrivent, que l'aimable fantaisie, l'élégante hardiesse, la grâce délicate et cherchée qui présidèrent à la conception et à la décoration de ces pièces, souvent compliquées et toujours ingénieuses. L'orfèvrerie, en effet, suivant en cela la marche des autres arts, et surtout de l'architecture, dont elle avait, depuis longtemps, commencé de s'inspirer, était, avec le XIIIe siècle, entrée dans ces voies à la fois nouvelles et glorieuses dont nous parlons en tête de ce chapitre.

On connaît la féconde et curieuse révolution qui s'était produite à cette époque dans l'art de bâtir. L'architecture, à la fin du XIIe siècle, était brusquement sortie des sentiers connus. Elle avait adopté des formules ignorées jusque-là, et, par l'emploi régulier de l'ogive, elle avait transformé partout sa massive solidité, qui semblait se cramponner au sol, en une sveltesse élégante et en apparence fragile, qui, n'offrant plus à l'édifice que de rares et maigres supports, le montrait comme suspendu dans les airs. A son exemple, l'orfèvrerie se fit, elle aussi, frêle, délicate, élancée. A ses châsses dont la carrure pesante s'alourdissait encore d'arceaux en plein cintre et d'un toit en bâtière, elle substitua des cathédrales soutenues par une forêt de colonnettes, ornées de pignons aigus et dentelés, flanquées de tourelles en encorbellement, enrichies de pinacles hérissés, de balustrades évidées, de fenêtres et de flèches ajourées, édicules gracieux d'une construction d'autant plus audacieuse que, n'ayant à compter avec aucun des problèmes qui pouvaient embarrasser l'architecte, toutes les témérités étaient permises à l'orfèvre. La grande châsse de sainte Geneviève dont nous parlions à l'instant; celle de sainte Julie à Jouarre, décrite dans les *Annales archéologiques;* la châsse de Nivelle, chef-d'œuvre de Colard de Douai et de Jacquemont; celle de saint Taurin d'Évreux, représentant un oratoire surmonté de clochetons; la monstrance de saint Henri, provenant de la collection Bazilewski; le reliquaire dit aux oiseaux, de l'ancienne collection Seillière, montrent quelle transformation s'était opérée dans la conception et la réalisation de ces monuments d'argent et d'or.

Ajoutons que les préoccupations architecturales ne se font pas moins pressantes dans l'orfèvrerie civile que dans l'orfèvrerie religieuse. On les retrouve dans l'argenterie de service aussi bien que dans celle de décoration. Les *Inventaires* que nous venons de mentionner nous fournissent, en effet, la description de quantité de surtouts, de drageoirs, de languiers, de salières aujourd'hui malheureusement détruits, et qui étaient « en manière de chastel, à murs crénelez » munis de portes « batailleresses » et de « tournelles ». D'autres reposaient sur des pieds ayant le corps orné de « fenestraiges » ou d' « orbevoies » avec murailles à mâchicoulis, et couvercles formant toiture en poivrière. Un surtout de table transformé en reliquaire, et conservé au séminaire de Soissons, représente une ville entière. Mais l'architecture si gracieuse, si originale et si brillante de ce temps ne fut pas seule à inspirer ces féconds artistes; la sculpture, elle aussi, exerça une influence décisive sur l'orfèvrerie.

M. Charles Blanc, dans sa *Grammaire d'ameublement*[1], parlant justement de l'art qui nous occupe, accuse hau-

---

1. A l'article ORFÈVRERIE, p. 293.

tement la Renaissance d'avoir « donné l'exemple d'abuser de la figure humaine et d'en avoir fait l'ornement principal, le plus voyant, le plus saillant de toute chose ». L'accusation est singulière. Au moment où la Renaissance commença de faire sentir ses effets, la statuaire, depuis plus de deux siècles, avait pris possession des métaux précieux, et régnait en maîtresse dans les ateliers d'orfèvrerie. Non seulement les représentations de saints personnages ou de héros trouvaient un emploi fréquent dans l'ordonnance des châsses, des reliquaires, des croix, comme on peut le voir par la belle croix du trésor de Bâle, par le reliquaire de la vraie croix de Jaucourt, ou encore par le précieux triptyque en or appartenant au baron de Rothschild que nous reproduisons ici (fig. 109); mais encore, dans l'orfèvrerie civile aussi bien que dans l'orfèvrerie religieuse, elles jouaient un rôle important en tant que statuettes isolées. Dans la parure des sanctuaires, les anges notamment tenaient une place considérable. Ces créations gracieuses, avec leur sexe indécis et leur jeunesse éternelle, se prêtaient admirablement à l'interprétation à la fois naïve et poétique de ces artistes croyants et émus. Puis venait la douce Vierge Marie portant son enfant dans ses bras, comme dans cette délicieuse statuette qu'on admire au Louvre et qui fut, en 1344, offerte par Jeanne d'Évreux à l'abbaye de Saint-Denis. Ensuite c'est toute la légion des saints. Rien que dans l'*Inventaire du duc Louis d'Anjou* (1368), nous avons relevé les images de saint

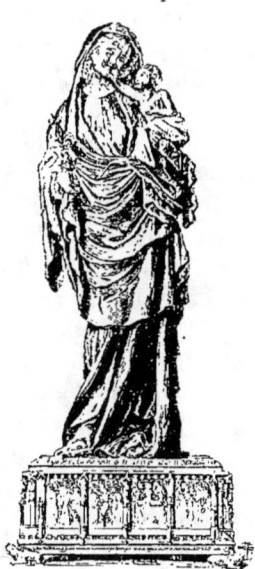

Fig. 111. — Vierge offerte par Jeanne d'Évreux à l'abbaye de Saint-Denis.

Jean-Baptiste, de saint Pierre, de saint Louis, de saint Jacques, de saint Nicolas, de saint Guillaume, de saint Laurent, de saint Martin, de saint Yves, de saint Marc, de saint Eustache, de sainte Marthe, de la Madeleine, etc. Quelques-unes y figurent même en doubles et en triples exemplaires. Ajoutez aux statuettes les bustes presque aussi nombreux et singulièrement riches : celui de saint Bernard, fabriqué en 1334 pour recevoir le chef du grand abbé de Clairvaux ; ceux de saint Philippe et de saint Jean-Baptiste, donnés par le duc de Berry à la cathédrale de Paris et à la sainte Chapelle de Bourges. Parfois, au lieu d'un personnage, l'orfèvre en réunissait trois ou quatre et composait de véritables scènes expressives. En 1368, Charles V enrichissait la basilique de Saint-Denis d'un groupe en argent doré où il était représenté, aux pieds de la Madeleine, avec la reine sa femme et son fils le Dauphin. Christine de Pisan nous apprend que ce même prince offrit à l'empereur son oncle, lors de son voyage à Paris, des flacons « où estoit figuré en ymages enlevéz comment saint Jaques monstroit à saint Charlemaine le chemin en Espaigne ». Enfin, on peut contempler encore à Altœting, en Bavière, un groupe comprenant neuf personnages parmi lesquels Charles VI en adoration devant la Vierge Marie, abritée sous un berceau de roses, couronnée par des anges, pendant qu'un page porte le heaume du roi et qu'à l'étage au-dessous un écuyer tient son cheval. On voit ce que deviennent, en présence de ces constatations, les objurgations de M. Charles Blanc.

Les personnages ne jouaient pas un rôle moins important dans la décoration de l'orfèvrerie d'usage, et la fantaisie, qui dans la vaisselle de service pouvait se donner libre allure, ne manquait pas d'imprimer à ces curieuses compositions un caractère pittoresque et divertissant. Soit qu'il s'appliquât à représenter des petites scènes de mœurs, comme dans ce surtout figurant « un brouète séant sur un pié cizelé à fueilles de vigne... et y a à un des bouz un home qui maine ladite brouète, qui a les paus à la ceinture et son chaperon en fourure... et devant a une femme qui en sa main destre tient la brouète et en la senestre tient une hache danoise et a un chaperon d'une vielle, lequel chaperon est à la mode de Picardie », etc.; soit qu'en veine de satire il s'amusât, au contraire, à combiner de grotesques adaptations; qu'il figurât « un singe d'argent doré... lequel singe a une mittre d'évesque en la teste », ou « une royne enmantelée... à chevauchons sur dos d'une beste sauvaige qui a teste et mains d'omme »; dans tous ses ouvrages l'orfèvre demeurait original et charmant.

L'étonnante malléabilité du métal lui permettait, en effet, de renchérir encore sur l'idéal poursuivi par les sculpteurs ses contemporains. En outre, il était, à leur suite, entré dans des voies qu'on peut qualifier d'humaines. Ses figures, prenant une expression de plus en plus personnelle, s'étaient rapprochées progressivement de la nature. Les poses s'étaient assouplies; les attitudes, plus variées, avaient été étudiées sur le vif; les gestes, enfin, avaient pris une vérité attendrie, et les visages une expression pleine d'un sentiment profond d'émotion contenue.

Aussi, semblable à une fleur épanouie sur un champ de bataille, cet art jeune et puissant, charmant et robuste, qu'on appelle improprement « l'art gothique » et que les maîtres de la Renaissance mieux inspirés nommaient « l'art français », s'était développé et avait grandi au milieu des péripéties les plus terribles de notre histoire, et, radieux comme un symbole, il avait éclairé de ses gracieuses créations le monde féodal, dont il devait demeurer l'expression à la fois la plus riche et la plus charmante.

IV

LA RENAISSANCE

Au souffle de la Renaissance, toute cette gracieuse fantaisie s'envola. L'orfèvre, par le rôle qu'il jouait alors dans l'économie sociale et par ses rapports intimes avec les plus hautes classes de la société, fut au nombre des premiers artisans qui subirent l'influence des idées nouvelles. Au contact de l'art italien, la cour et la noblesse avaient senti leur curiosité s'éveiller, et commençaient à se piquer de connaissances spéciales en ces matières toujours délicates. Les grands seigneurs, frottés d'érudition latine et fiers des notions superficielles qu'ils pouvaient avoir de l'antiquité, s'efforçaient de raffiner en toutes choses. Désormais les poètes et les statuaires furent consultés sur les faits d'orfèvrerie, et les orfèvres, au lieu de présenter des projets, reçurent des programmes. Interprètes directs des tendances et des goûts de leur aristocratique clientèle, ils cessèrent peu à peu d'être les inspirateurs de leurs œuvres, pour n'en demeurer que les exécuteurs. Comme conséquence, tous ces amusants et capricieux sujets qui avaient fait la joie du moyen âge, disparurent pour faire place à des décorations mieux pondérées et plus graves. Les gracieuses figurines n'égayèrent plus les tables des princes et des rois de leurs attitudes variées et de leurs physionomies pittoresques. De beaux vases leur furent substitués. La statuaire réclama pour ses bronzes et pour ses marbres le monopole des personnages traités en ronde bosse, et ne permit plus à l'orfèvrerie de les faire intervenir que dans de rares et solennelles occasions.

Il fallut, en effet, l'entrée du monarque dans sa capitale, le couronnement d'un prince, un mariage royal, pour que

L'ORFÈVRERIE 137

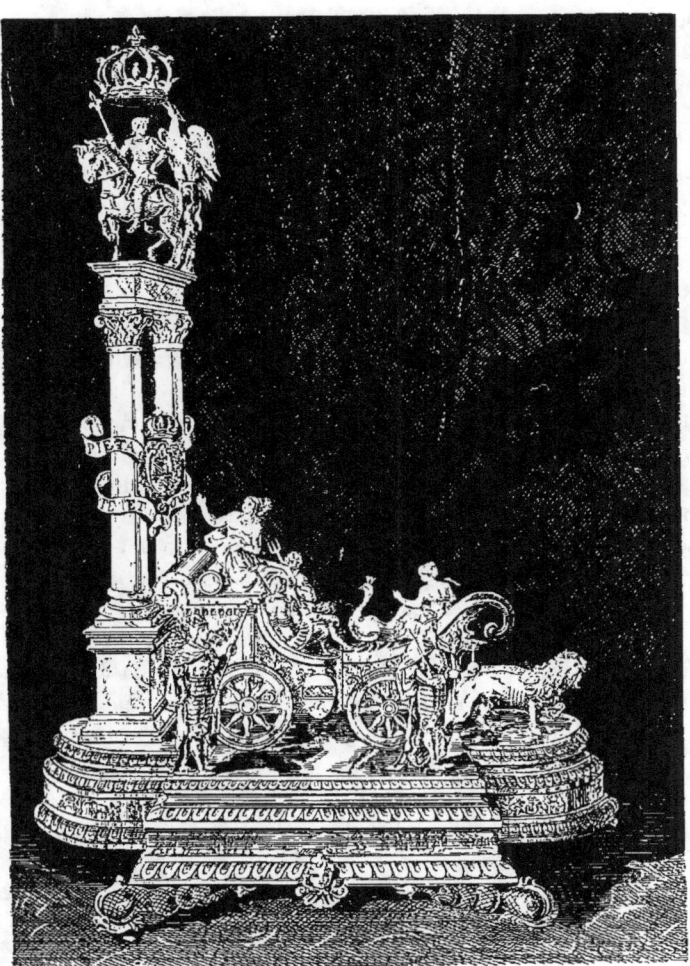

Fig. 112. — Présent offert au roi Charles IX lors de son entrée solennelle dans la ville de Paris (1571).

les ateliers parisiens essayassent de produire encore quelqu'une de ces compositions surchargées de figures, de ces allégories emblématiques dissimulant sous leurs lignes fantaisistes une manière de rébus alambiqué. C'est ainsi que, pour l'*entrée solennelle de François Ier*, la ville de Paris fit exécuter par ses orfèvres un beau groupe en or représentant saint François, assis sur un siège porté par quatre piliers, entre lesquels on apercevait une salamandre couronnée, tenant en sa gueule la devise du prince : *Nutricor et exstinguo,* et un petit chérubin tenant une cordelière ornée d'une grosse émeraude. Vingt-cinq ans plus tard, quand Charles-Quint traversa la France pour aller châtier les Gantois révoltés, François Ier voulut que partout son hôte fût traité comme s'il était roi de France, et Paris dut lui faire son présent. Ce présent consista en une statue d'Hercule en argent, haute de six pieds, revêtue d'une peau de lion en or, et tenant deux colonnes sur lesquelles était tracée la devise : « Plus oultre. » A l'avènement de son successeur, un groupe fut encore offert au nouveau roi. Ce groupe représentait Henri II lui-même, auquel François Ier et Louis XII montraient suspendu aux branches d'un arbre un cartouche sur lequel on lisait : *Magna magnum docent.* Trois autres figures, celles de Janus, de la Justice et de la Noblesse, complétaient cette curieuse composition. Enfin, lorsque Charles IX fit son entrée à Paris, une allégorie du même genre lui fut pareillement présentée, vaste composition où le nouveau roi, sa mère, sa sœur et les quatre grands Charles (Charles-Martel, Charlemagne, Charles V dit le Sage, Charles VII dit le Victorieux) se trouvaient emblématiquement groupés. La reproduction que nous donnons (fig. 112) de cette pièce remarquable indique, au surplus, sa disposition et nous dispense de plus amples détails. Mais ces morceaux compliqués, dont le caractère et la raison d'être ressortent suffisamment des événements dont ils étaient chargés de solenniser le sou-

L'ORFÈVRERIE 139

venir, peuvent être qualifiés d'exceptionnels. On en doit dire autant de quelques autres, exécutés par des artistes de haut renom, — comme la fameuse salière que Benvenuto

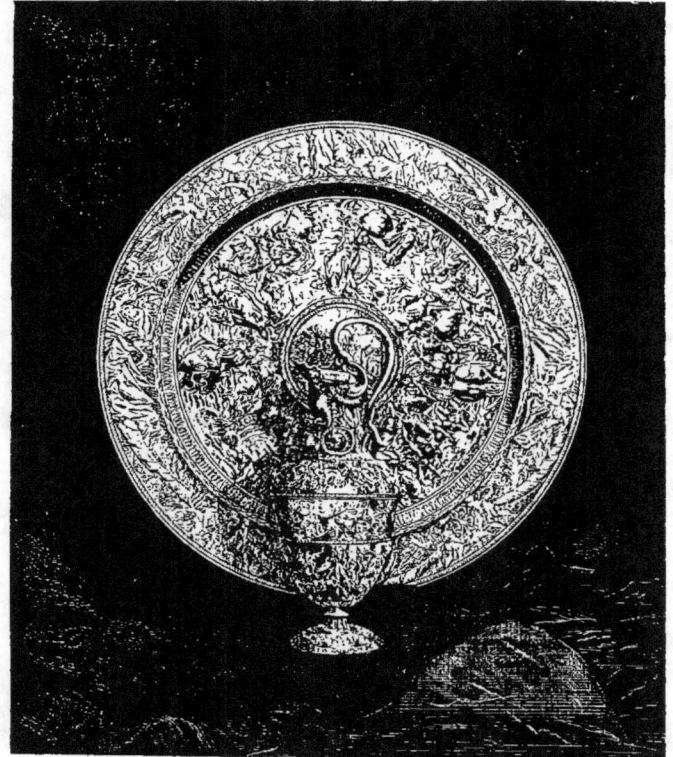

Fig. 113. — Aiguière et bassin en vermeil. (GALERIE D'APOLLON.)

Cellini modela sur les ordres de François Ier et qui fait partie du trésor de Vienne, comme la châsse donnée par le cardinal de Bourbon à l'abbaye de Saint-Denis, et le *Saint Sépulcre* offert par Henri II à la cathédrale de Reims. — Ces ouvrages, au surplus, sont presque les seules pièces d'orfèvrerie de ce temps, où l'on rencontre des figures en ronde bosse rappelant par leur nombre celles qui encombraient les entremets, les surtouts, les salières monumentales et les innombrables ex-voto de la période précédente. Encore restent-ils loin de cette fantaisie quintessenciée dont le moyen âge à son déclin avait fait un si copieux usage.

Ils sont, en outre, conçus et exécutés dans un esprit tout différent. Les orfèvres du XIVe et du XVe siècle avaient demandé leurs effets les plus puissants au nombre et à la richesse ; l'esthétique nouvelle professa, au contraire, un dédain absolu pour « l'innombrable », et pour l'excès de la parure un indiscutable mépris. Au lieu de couvrir Vénus et Junon de vêtements somptueux et magnifiques, on déshabilla les Saintes et on souleva les voiles dont on avait jusque-là drapé les Vertus. Au lieu de s'égarer dans les efflorescences d'un idéal mal défini, on s'efforça de préciser les formes et de tout ramener à une sculpturale et magistrale simplicité. En même temps que le vestiaire se modifiait, le personnel du Paradis faisait place à celui de l'Olympe. Le paganisme était désormais appelé à fournir les motifs des allégories dont allaient se parer, en de nobles bas-reliefs, les aiguières, les bassins, les coupes, les salières. Car, ne craignons pas de le redire, à partir de la Renaissance, les compositions de personnages en ronde bosse devinrent aussi rares qu'elles avaient été précédemment nombreuses, et les grands orfèvres de cette brillante période, Guillaume et Jean Hotman, Jean de Crèvecœur, Jean Trudaine, Guillaume Hérondelle, Jean Rousseau, Regnault Danet, Dujardin, Jacques Lempereur, Nicolas Havart, Jean et Robert Pijart, Mathieu, Claude et Mathias Marcel, Jean et Simon Cressé et surtout Étienne de Laune, Nicolas Briot et Delahaye, s'appliquèrent bien moins à faire concurrence aux statuaires de leur temps, qu'à demeurer franchement orfèvres. Leurs multiples et merveilleux talents furent presque exclusivement employés à créer une vaisselle de service admirable, et qui rachète amplement par la pureté de ses lignes, par l'élégance de son galbe et la noblesse de son décor, ce qu'elle devait forcément perdre en imprévu et en fantaisie.

Faut-il se lamenter, comme le font quelques critiques, de cette transformation radicale ? Assurément non. L'art ogival

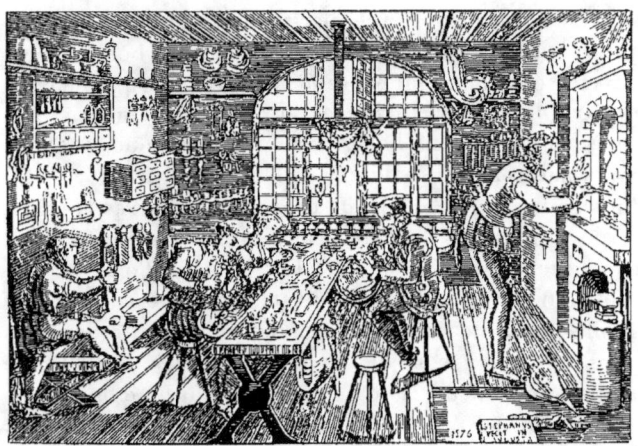

Fig. 114. — Atelier d'orfèvre, d'après une gravure d'Étienne de Laune.

du XVe siècle, quand il disparut, avait dit tout ce qu'il avait à dire et n'avait plus qu'à faire place à un art nouveau. Faut-il, comme ont osé le prétendre certains écrivains, faire honneur à l'Italie de la transformation si caractéristique qui s'accomplit alors dans notre orfèvrerie ? Pas davantage. On peut, en effet, passer une revue détaillée des orfèvres établis alors à Paris. C'est à peine si l'on trouvera dans le nombre deux ou trois artisans, et non des plus illustres, dont l'origine péninsulaire soit bien établie. Parmi les fournisseurs royaux, on remarque, il est vrai, Matteo del Nassaro et la petite colonie de fondeurs et de ciseleurs réunis à l'hôtel de Nesle. Mais de tous ces artistes un seul, Cellini, put, par son prestige, exercer une influence directe autour de lui. Or, on sait qu'il demeura seulement cinq ans en France, et que pendant ce temps il s'occupa plus de statuaire que d'orfèvrerie proprement dite. Quant à ses compagnons, Ascanio Desmarris, Paul Romain et le Flamand Baulduc, travaillant exclusivement pour le roi, ils accomplirent modestement et sans fracas les besognes dont ils étaient chargés. Les orfèvres parisiens n'eurent point d'emprunts à leur faire ni d'influence à subir. Les belles pièces anonymes qui nous sont parvenues de cette époque peuvent donc être hardiment attribuées aux artisans français. Les auteurs de celles dont l'origine nous est connue, sont les garants naturels de l'habileté de leurs confrères.

Au surplus, on se demande ce que nos orfèvres auraient bien pu apprendre de leurs concurrents italiens. Est-ce quelque secret de fabrication? Mais la main-d'œuvre parisienne se trouvait en avance sur celle d'outre-monts. Elle était plus délicate dans son rendu, plus hardie dans ses moyens, plus maîtresse de ses procédés. Elle avait hérité de cette précision de la main, de cette sûreté d'œil, de ce discernement dont le xve siècle était si justement fier, et qui, perdus à la fin de la période gallo-romaine, avaient été reconstitués par huit cents ans d'études incessantes et de progrès continus.

Alors que leurs collègues transalpins divisaient leurs pièces à l'infini, recourant ensuite, pour les monter, à d'innombrables soudures, les orfèvres parisiens, stimulés par les Ordonnances royales qui limitaient rigoureusement la quantité de *remède*, nos artisans, disons-nous, pratiquaient couramment la *retreinte* et exécutaient leurs admirables aiguières en un nombre limité de morceaux. Alors que les ciseleurs italiens prenaient leurs repoussés de *par-dessus*, enfonçant le champ pour donner aux reliefs la saillie nécessaire, nos repousseurs, usant de la *recingle*, attaquaient la pièce de l'intérieur et imprimaient ainsi à leur décoration une variété de plans et un modelé de beaucoup préférables. Bien que l'orfèvrerie du XVIe siècle ait été en grande partie détruite, les spécimens de provenance italienne et de provenance française sont encore assez nombreux pour qu'aucun doute ne soit possible sur notre supériorité au point de vue du travail.

Veut-on, au contraire, envisager le dessin et la composition des formes générales? Ici les présomptions semblent moins faciles à détruire. Cependant il faut bien reconnaître que toutes les grandes pièces dont nous venons de passer la revue — présents offerts à Dieu, à ses saints ou aux rois — n'avaient rien d'italien, ni comme conception ni comme galbe. En outre, on connaît les auteurs d'un certain nombre de ces beaux ouvrages. L'admirable cadeau fait au roi Charles IX par la municipalité parisienne ainsi que le buffet dont fut gratifiée Élisabeth d'Autriche avaient été exécutés par Robert Bourgonnière, Jacques Even et Jean Delvaux, et si aucune de ces pièces ne nous est restée, le casque et le bouclier de ce même prince, qu'on peut admirer parmi les trésors du Louvre, disent assez de quels féeriques chefs-d'œuvre les artistes parisiens de ce temps

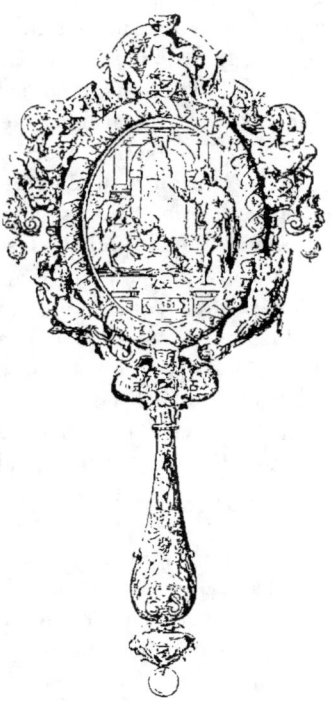

Fig. 115. — Miroir dessiné par Étienne de Laune.

étaient capables. Dans un autre ordre d'idées, l'aiguière et le plat de la *Tempérance* de Briot sont également des morceaux parfaits. On en peut dire autant de la coupe d'Étienne de Laune que possède le Louvre et qui représente *Vénus faisant forger les armes d'Énée*. Ce grand artiste fut, en outre, un des inspirateurs les plus écoutés des orfèvres de son temps. L'œuvre gravé qu'il nous a laissé est plein d'excellents modèles, auxquels les juges les plus exigeants ne trouveraient rien à reprendre; et il n'était point seul à fournir les artisans du xvie siècle de motifs précieux. Philibert de Lorme, Jean Goujon, du Cerceau, et, dans une note moins élevée, Woëiriot, Hennequin de Metz, avec toute la pléiade des graveurs qu'on désigne sous le nom de « petits maîtres », s'appliquèrent à cette tâche aimable, dans laquelle ils furent secondés, au reste, par les plus nobles dames et par les plus illustres seigneurs.

Le goût d'érudition alambiquée qui distinguait alors la plus haute société faisait de celle-ci — nous venons de le dire — la collaboratrice et l'inspiratrice des artistes. Cette collaboration se traduisait en emblèmes gracieux, ornés de devises obscures, à sens multiples, et c'est ainsi que prirent naissance quantité de jolis ouvrages, d'une décoration un peu quintessenciée peut-être, mais dont la grâce et le charme exercèrent une influence directe sur le style et l'ornementation de l'orfèvrerie. Avec un pareil concours de talents et de bonnes volontés, les artisans français, il faut bien le reconnaître, n'avaient guère besoin des secours du dehors. Ils trouvaient autour d'eux toutes les inspirations souhaitables. Aussi leurs œuvres, à la fois si fines d'exécution, si délicates de composition et de dessin, si élégantes de forme, si merveilleusement pondérées, peuvent-elles braver toutes les comparaisons, et la saveur autochtone qui s'en dégage est telle, que leur originalité ne saurait être loyalement contestée.

V

LE XVIIe SIÈCLE

Lorsqu'on envisage à longue distance les évolutions accomplies par nos arts d'ameublement et leurs transformations caractéristiques, ces évolutions apparaissent avec une netteté et une précision qu'elles sont loin d'avoir quand on les étudie d'une façon un peu plus attentive. C'est surtout en matière de styles qu'on peut dire que rien ne commence et ne finit, au sens rigoureux du mot. Si, au milieu de la période qu'on examine, les caractères distinctifs de cette période se manifestent avec une évidence complète, absolue, il n'en saurait être de même au commencement et à la fin. Là, les différences s'estompent, les contours se fondent, les contradictions s'atténuent. Il se produit comme une sorte de pénétration réciproque, et l'on s'aperçoit bien vite que l'art d'un grand peuple n'avance pas par soubresauts, mais procède par manifestations successives, qui se tiennent et s'enlacent comme les anneaux d'une chaîne.

L'orfèvrerie n'échappe pas à ces lois générales. Bien que les premières aspirations de la glorieuse période désignée sous le nom de Renaissance se fassent sentir dès la fin du règne de Charles VIII, c'est seulement aux environs de 1520 que les beaux ouvrages d'or et d'argent apparaissent complètement transformés par l'esthétique nouvelle. Cette transformation se conserve dans toute sa pureté pendant une cinquantaine d'années. Les modèles les plus parfaits d'Étienne de Laune datent, en effet, de 1561. Puis les formes commencent à s'alourdir, l'ornementation s'épaissit, l'élégance des contours tend à disparaître sous la surcharge de la décoration. Les créations de Pierre Woëiriot, de Briot, de Boivin, cèdent la place aux compositions déjà empâtées d'Androuet du Cerceau, de Jean de Bulle, de Philippe Millot, de Jacques Hurtu et d'Antoine Jacquard, dont les combinaisons restent assurément ingénieuses, mais offrent déjà un tout autre caractère.

Deux causes principales précipitèrent cette transformation finale de l'orfèvrerie. Ce furent d'une part les guerres civiles et religieuses qui marquèrent l'effondrement de la dynastie des Valois, d'autre part l'avènement, avec la dynastie des Bourbons, d'une société nouvelle. On comprend que pendant les sombres années du règne de Henri III, quand deux partis d'égale force et pareillement fanatisés ensanglantaient et rançonnaient la France, les orfèvres n'aient eu guère de loisirs pour exécuter des ouvrages délicats et précieux. La disette, en outre, qui régna perpétuellement dans le trésor des Valois, jointe à l'insatiable avidité de ces chefs, qui couvraient de motifs politiques ou religieux leur besoin de pouvoir ou leur amour de pillage, fit pis encore. Elle amena la destruction à peu près complète de toutes les belles argenteries entassées pendant des siècles dans les sanctuaires et dans les châteaux. Dès 1554, Henri II faisait appel à la générosité de ses sujets, et leur empruntait leur vaisselle pour l'envoyer à la refonte. En 1562, on mit à contribution les trésors des églises. En 1590, celui de Saint-Denis, que défendaient cependant des bulles d'excommunication[1], fut pillé. En cette même année, le légat décida qu'on prendrait dans les diverses paroisses de Paris tous les beaux vases qui n'étaient pas indispensables au service divin, et qu'ils seraient employés à la solde des gens de guerre. En moins de dix ans, la mise à rançon périodique des manoirs et des églises, les saisies, confiscations et donations plus ou moins volontaires, firent disparaître pour jamais ces belles œuvres d'art, auxquelles on avait attaché jusque-là un prix inestimable. Quand Henri IV

---

1. Voir p. 119.

eut achevé de conquérir le trône de France, il ne restait presque plus rien de tant de merveilles, et il ne paraît pas que son entourage direct, formé dans les camps, instruit au culte des arts sur les champs de bataille, ait été en état d'apprécier comme il le méritait un dommage pareil. Certes, les orfèvres que le galant Béarnais fit travailler de préférence, Albin de Carnoy, Jean Delahaye, Paul le Mercier, Jean Allain, Isaac et David de Vimont, Pierre Touset, etc., furent d'habiles gens ; mais il ne nous est demeuré d'eux au-

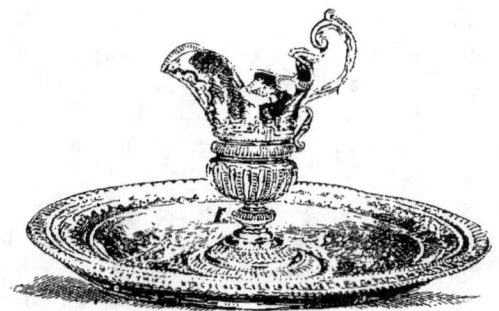

Fig. 116. — Aiguière avec son bassin (commencement du xviie siècle).

cune œuvre capitale capable de lutter avec celles de leurs illustres prédécesseurs ; et la passion de la joaillerie qui commença de régner à ce moment, suffirait, à défaut d'autres raisons, à expliquer la révolution essentiellement fâcheuse qui se produisit alors dans l'orfèvrerie. La recherche de la somptuosité se substitua au goût des formes élégantes, délicates et pures.

Louis XIII, élevé au milieu de cette cour peu raffinée, instruit, ou, pour parler plus exactement, *gouverné* par Mme de Monglat et M. de Souvré, bien incapables l'un et l'autre d'insuffler à leur élève des idées vraiment artistiques, ne paraît guère avoir exercé d'influence sur l'orfèvrerie de son temps. Il n'en fut pas de même d'Anne d'Autriche, et surtout de Louis XIV. Avec la fille de Philippe III, les idées espagnoles franchirent les Pyrénées et se taillèrent un vaste domaine dans nos arts et dans notre littérature. Elles s'implantèrent chez nous, juste au moment où la mise en exploitation régulière du nouveau monde faisait affluer en Espagne les métaux précieux importés par des flottes entières. Leur abondance était telle dans la péninsule, qu'on y faisait des mobiliers entiers en argent. Anne d'Autriche, qui, suivant un mot de Mme de Motteville, « ne prenoit plaisir qu'à ce qui lui rappeloit l'Espagne », ne pouvait manquer d'introduire chez nous ces modes somptueuses. Elle fut la première à posséder des tables, des guéridons, des balustres en métal précieux. Le cardinal de Mazarin, non moins épris de luxe coûteux, s'efforça de renchérir encore sur la prodigalité royale, et c'est dans ce double exemple qu'on doit chercher sans doute l'origine de cette magnificence débordante et sans précédent, qui distingue la première moitié du règne de Louis XIV.

Nous ne pouvons guère aujourd'hui nous faire une idée bien précise de ce que put être, pendant cette période de trente ans (1660 à 1690), l'orfèvrerie dont celui qui se faisait appeler le Grand Roi meubla, enrichit, décora le palais de Versailles et ses autres « maisons royales ». Jamais, dans les temps modernes, semblable profusion ne s'était rencontrée. Jamais on n'en devait revoir de pareille. Brancards d'argent portant des girandoles, caisses d'argent destinées à recevoir les orangers, et posées sur des bases de même métal, torchères en vermeil surmontées d'énormes chandeliers d'argent, grands vases qu'on ne pouvait mouvoir qu'à l'aide de brancards, foyers d'argent de deux pieds de haut, guéridons de six pieds, tables, garnitures de cheminée, lustres, encadrements, plaques, candélabres, etc., le palais de Versailles, dont la description détaillée nous est fournie par le *Mercure* d'avril 1681, possédait en métal précieux un mobilier presque complet, sujet d'admiration et d'envie pour tous les souverains de l'Europe.

La plupart des pièces de réception regorgeaient de ces meubles superbes; mais c'était surtout l'appartement particulier du roi, celui où il résidait d'une façon constante, qui en était orné. Dans la salle du trône, on admirait un fauteuil d'orfèvrerie de huit pieds de haut, accompagné de scabelons d'argent portant des carreaux de velours, et des girandoles de même métal, hautes de plus de six pieds. Dans la chambre à coucher, le lit était entouré d'une balustrade d'argent de deux pieds et demi de haut, sur laquelle étaient disposés huit superbes chandeliers d'orfèvrerie. Dans les angles, sur des escabeaux d'argent, étaient placées des cassolettes également d'argent, mesurant cinq pieds de hauteur. Les chenets en argent n'avaient pas moins de quatre pieds, et les cadres de miroir, aussi en argent, en comptaient neuf de haut... On n'en finirait pas si l'on voulait énumérer ces richesses fantastiques, où l'art le disputait comme prix à la matière. « Il n'y a point de morceau d'argenterie qui ne soit historié, ajoute le recueil contemporain auquel nous empruntons ces détails. Des chandeliers représentent les douze mois de l'année. On a fait les saisons sur d'autres, et les travaux d'Hercule en composent une autre douzaine. Il en est de même du reste de l'argenterie. Tout a esté fait aux Gobelins et exécuté sur les dessins de M. le Brun. »

Ici le *Mercure* commet une erreur qu'il importe de rectifier. La plupart des meubles incomparables qu'il décrit avaient bien été confectionnés d'après les croquis de le Brun, ou tout au moins sous son inspiration directe; mais nous savons les noms des orfèvres qui les exécutèrent, et le plus grand nombre d'entre eux ne dépendaient pas des Gobelins. L'illustre Claude Ballin, que Voltaire n'hésite pas à comprendre parmi les artistes les plus célèbres de ce temps, et qui travailla avec Marcadé à ce que les *Comptes des bastimens* appellent les « grands ouvrages », Claude

Ballin était logé au Louvre. C'est au Louvre également que demeuraient Gravet, auquel Louis XIV demanda sa belle *nef* d'or, et Thomas Merlin, qui livra à Versailles la plupart des bassins, des brancards et des vases dont on décora la grande galerie. Viaucourt, Gérard Debonnaire, du Teil, Guillaume Loir, René Cousinet, Verbeck, ancien fournisseur de Gaston d'Orléans, et après lui sa veuve, furent régulièrement employés aux travaux de Versailles et des maisons royales, et tous tenaient boutique au cœur même de Paris. Ces illustres artistes, dont les noms méritent d'être retenus, prirent à la décoration des appartements de Louis XIV une part au moins égale à celle que peuvent revendiquer Alexis Loir et de Vilers, qui seuls, à cette époque, avaient leurs ateliers sur les bords de la Bièvre.

Par la belle tapisserie intitulée *la Visite du roi à la manufacture des meubles de la couronne,* nous avons, au surplus, la représentation des principaux morceaux d'orfèvrerie qui virent le jour dans cet établissement célèbre, et aussi les portraits des habiles artistes que Colbert avait réunis dans cette enceinte privilégiée (voir fig. 6 et 7). Par la suite des *Maisons royales,* par celle de l'*Histoire du roi* et par l'*Entrée d'Alexandre à Babylone,* nous possédons également l'image d'un certain nombre de belles argenteries qui furent exécutées sur les dessins mêmes de le Brun. Les superbes gravures de Bérain et de Lepautre, ainsi qu'une collection précieuse de dessins, conservée au Cabinet des estampes dans le *fonds de Robert de Cotte,* achèvent de nous initier au caractère plus fastueux qu'élégant de ces vastes ouvrages. Malheureusement c'est tout ce qui nous en est resté, et l'on ne sait vraiment s'il faut amèrement regretter la disparition de ce luxe exagéré, empreint assurément d'une indiscutable solennité et d'une certaine grandeur, mais manquant de mesure, disproportionné dans ses effets comme dans ses moyens, et qui semble comme imprégné, même dans son meilleur temps, de cette redon-

L'ORFÈVRERIE 151

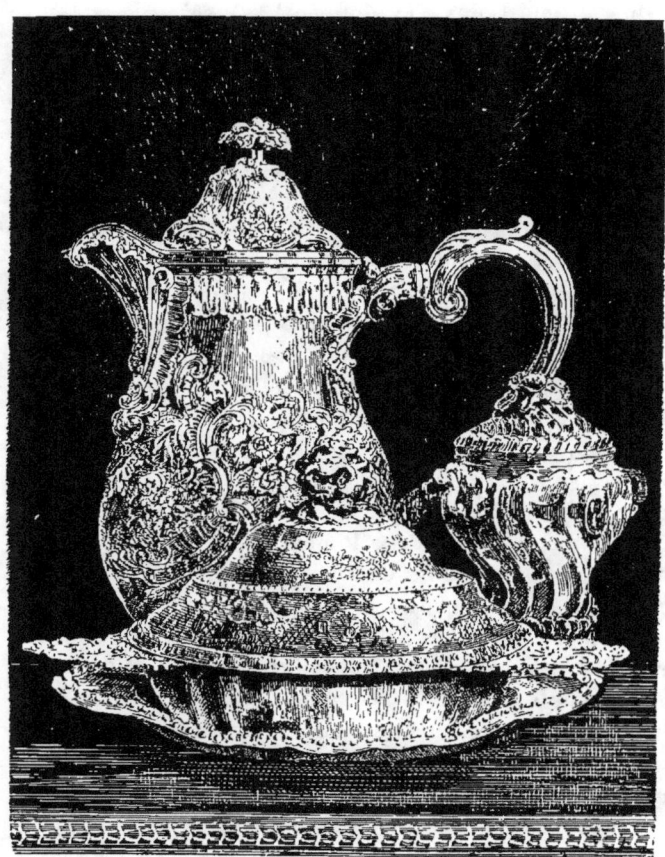

Fig. 117. — Cafetière, écuelle à oreilles et sucrier en argent repoussé et ciselé.
Orfèvrerie de la fin du XVIIe siècle et du XVIIIe.

dance et de cette emphase espagnoles, qui avaient en quelque sorte présidé à sa naissance.

On sait que Louis XIV dut, en 1689, se séparer de ces trésors. On sait également que l'infortuné prince éprouva de grands déboires à leur refonte. Il s'étonna — nous l'avons dit plus haut — que les six millions employés à meubler Versailles ne lui rendissent que la moitié de l'argent qu'il y avait dépensé. Il n'avait pas fait figurer dans son compte le prix des façons. Cette omission lui parut pénible. Elle ne le rendit pas toutefois moins rigoureux à l'égard de ses fidèles sujets. Dès le 14 novembre 1689, en effet, une *Ordonnance royale* avait enjoint aux particuliers de se conformer à l'auguste exemple donné par le maître, et d'envoyer leur orfèvrerie à la Monnaie. En dépit de ses déceptions personnelles, le roi ne se relâcha pas de cette cruelle exigence, et ses ministres tinrent sévèrement la main à son exécution. Par cette fatale *Ordonnance* nous avons la nomenclature de la plupart des objets mobiliers qu'on fabriquait alors en métal précieux. La liste mérite qu'on s'y arrête. Nous relevons dans le nombre des meubles prohibés, les balustres, bois de chaises, cabinets, tables, bureaux, guéridons, chenets, grilles, garnitures de feux et de cheminées, chandeliers à branches, torchères, girandoles, bras, plaques, cassolettes, corbeilles, paniers, caisses d'orangers, pots à fleurs, urnes, vases, carrés de toilette, pelotes, buires, seaux, cuvettes, carafons, tourtières, casseroles, etc. Elle montre assez que les respectueux courtisans du Grand Roi s'étaient fait un devoir de copier le luxe débordant de leur prince et seigneur. Ajoutons qu'ils s'empressèrent également de se conformer à son invitation, et le 24 janvier 1690 Dangeau pouvait écrire : « On porte tant d'argent à la Monnoie, que l'on n'a pu, dans le mois de janvier, fondre tout ce que l'on y portoit. »

Ce désintéressement, toutefois, ne fut pas de longue

durée. La haute société de ce temps ne pouvait guère se passer de vaisselle plate et montée. En dépit des *Édits royaux,* la belle argenterie resta la marque distinctive des bonnes et vieilles maisons. Aussi, l'orage une fois éloigné, se remit-on de toutes parts à commander et à acheter de pesantes orfèvreries. Et c'est à cette hâte de se remonter en argenterie courante — au moins autant qu'au renchérissement de la main-d'œuvre — qu'il faut attribuer l'emploi des procédés à la fois économiques et rapides, qui se généralisèrent alors dans la confection de la vaisselle de service. Le mouton et le tour dont nous parlons dans notre première partie prirent, en effet, à partir de cette époque, une importance décisive dans la fabrication de ce qu'on appelait « la grosserie ».

C'est grâce à ces machines expéditives qu'on put en quelques années remeubler les appartements royaux, décorer les hôtels princiers et garnir à nouveau les tables des grands seigneurs et même celles de la finance et de la riche bourgeoisie, si bien qu'en 1709, lorsque Louis XIV crut devoir renouveler l'épreuve désastreuse à laquelle il avait soumis, vingt ans plus tôt, le dévouement de ses sujets, la quantité d'argenterie portée à la Monnaie fut presque aussi considérable que lors de la première refonte. Cette fois encore, la France entière se conforma aux exigences du trésor réduit aux abois. Puis, quand on eut épuisé la somme des sacrifices qu'on était en droit d'attendre de l'abnégation volontaire, les recherches fiscales commencèrent. Des perquisitions furent ordonnées et des saisies pratiquées chez tous les orfèvres. Jamais destruction ne fut conduite avec une méthode plus rigoureuse et une plus implacable sévérité. C'est ainsi qu'achevèrent de disparaître non seulement toutes les belles œuvres qui avaient illustré les noms de Claude Ballin, de Delaunay, de du Teil, de Cousinet, de Verbeck, de Viaucourt, de Gravet, de Merlin, de Van Clèves, de Germain, de Loir, de Laurent de Montarsy, etc., mais encore les précieux ouvrages des siècles antérieurs, qu'un zèle pieux avait pu sauver des crises précédentes, si bien qu'on a lieu de s'étonner que quelques très rares pièces, datant de ces temps lointains, soient parvenues jusqu'à nous.

Hâtons-nous d'ajouter que les rarissimes écuelles, plats, bassins et chandeliers datant du XVIIe siècle, qui furent exceptionnellement dérobés à cette destruction en quelque sorte systématique, nous font doublement déplorer les mesures de rigueur édictées par le Grand Roi. Si la plupart de ces objets d'une allure plus modeste, d'une tenue moins emphatique que les grandes argenteries de Versailles, conservent une certaine lourdeur de formes qui interdit toute comparaison, comme élégance, avec les chefs-d'œuvre du XVIe siècle, on retrouve, par contre, dans leur ornementation, l'arrangement délicat de ces motifs rayonnants ou lambrequinés qui caractérisent si bien le style Louis XIV et qui, appliqués avec goût aux ouvrages d'ameublement, produisent un effet à la fois riche, agréable et varié. Aussi la plupart de ces pièces sont-elles considérées, par nos orfèvres contemporains, comme des modèles à suivre, et on les recopie encore aujourd'hui, à cause de leur belle tenue et de leur aspect un peu grave, mais très décoratif.

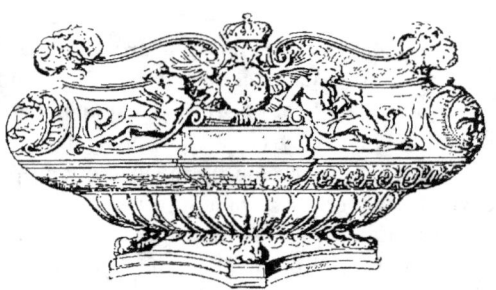

Fig. 118. — Bassin en argent d'après un dessin de le Brun.

VI

LE XVIIIe ET LE XIXe SIÈCLE

Les dernières années du règne de Louis XIV furent trop moroses pour que l'orfèvrerie civile pût, en ces temps désolés, prendre un nouvel essor. Il n'en fut pas de même pour l'orfèvrerie religieuse. La dévotion inquiète du vieux roi se reflétant directement sur un entourage désireux de se conformer à ses moindres exemples, rayonnait au dehors. C'était faire adroitement sa cour que de renchérir sur le zèle pieux du monarque. Aussi de cette sombre période les seuls grands travaux d'orfèvrerie dont le souvenir soit parvenu jusqu'à nous, consistent-ils en objets consacrés au culte. Tel est le soleil-ostensoir offert en 1708 par le chanoine de la Porte au chapitre de Notre-Dame de Paris, pièce justement célèbre, qui, dessinée par Robert de Cotte et modelée par le sculpteur Bertrand, avait été orfévrée par le jeune Ballin, neveu de l'illustre Claude ; tels sont la grande croix et les chandeliers de Saint-Jean de Lyon, exécutés par le même orfèvre ; le calice d'or ciselé par Thomas Germain pour l'électeur de Cologne ; celui que le cardinal de Noailles commanda, et dont le pied était orné de figures d'anges portant les instruments de la Passion. On peut citer encore un autre soleil, offert en 1709 par Mlle de la Rochefoucauld de Marsillac à l'abbaye de Saint-Germain des Prés, etc. Tous ces beaux ouvrages, quoique d'un dessin emphatique et d'une exécution maniérée, se rattachent encore par leur majestueuse ampleur et leur magnificence au siècle précédent. Leurs auteurs, au surplus, avaient été élevés à la fière école de ce long règne, et se posaient en héritiers naturels de ses grandes traditions. Nicolas Delaunay, le vieux Delaunay, comme on l'appelait, fatigué par l'âge, mais riche à millions et doublement considéré, tenait toujours bon. Claude Ballin, le neveu, formé par son oncle, s'était pénétré de ses exemples et de ses leçons; enfin Thomas Germain avait à soutenir la gloire de son illustre père. Mais dès que Louis XIV eut fermé les yeux, la mode triompha de ces dernières résistances. A une royauté nouvelle il fallait, sinon un art, du moins un style nouveau.

Remarque curieuse, ce style nouveau, regardé avec raison comme l'un des plus exclusivement français qui aient jamais existé, dut son développement à deux étrangers. Un Hollandais, Gilles-Marie Oppenord, le favori du Régent et le décorateur du Palais-Royal, et un Piémontais, Juste-Aurèle Meissonnier, dessinateur ordinaire de la chambre du roi, en furent les protagonistes. Architectes l'un et l'autre, ils généralisèrent dans nos arts décoratifs le mépris de l'architecture. Ils élevèrent le dédain de la construction logique et de l'aplomb des masses portantes à la hauteur d'un dogme, et les théories dont ils se firent les apôtres parurent si charmantes à tout ce monde léger, pimpant, coquet, inconséquent, que, bon gré mal gré, l'orfèvrerie française dut abdiquer la solennité de ses formes, renoncer à la symétrie de sa décoration et se conformer, jusque dans la vaisselle d'usage, — qui acheva, elle aussi, de se contourner, — aux préceptes de ces maîtres quelque peu incohérents et à leurs troublants exemples.

Les plus grands, les plus illustres, les plus entêtés parmi les orfèvres en renom, furent obligés de se plier à la tyrannie du goût nouveau. Thomas Germain lui-même, qui avait fait le voyage d'Italie, étudié la peinture sous Bon Boulogne et la sculpture avec Legros, Thomas Germain dut suivre le torrent, et le magnifique service qu'il exécuta pour le roi de Portugal, atteste qu'il n'osa pas jusqu'au bout se montrer rebelle aux théories des novateurs. De même Ballin, qui mourut en 1754, âgé de quatre-vingt-

L'ORFÈVRERIE

treize ans, chargé de gloire et d'années, n'hésita pas à créer dans le dernier quart de sa vie une foule d'œuvres à la fois compliquées et baroques. Quant à Besnier, à Roettiers son gendre, à Lempereur, à Marteau, à Pierre Germain dit le Romain, qui nous a laissé, en une suite de gravures appréciées, la reproduction d'un certain nombre des modèles alors en honneur, on peut dire qu'ils étaient

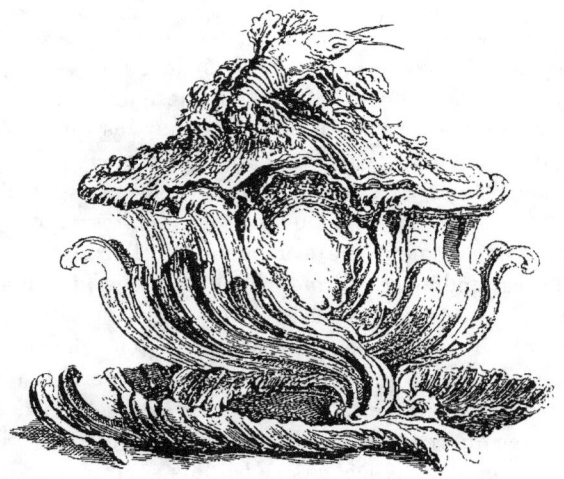

Fig. 119. — Pot à oille dessiné par Meissonnier.

là dans leur élément. Comment, du reste, aurait-il pu en être autrement? Le style nouveau ne charmait pas seulement la France; il avait séduit aussi l'étranger, et les orfèvres parisiens, devenus ses interprètes attitrés, étaient acceptés comme les arbitres du goût en Europe.

A l'exception des garnitures de toilette de Marie Leczinska et de la Dauphine, considérées comme d'indiscutables chefs-d'œuvre, presque tous les grands ouvrages qui sortirent à cette époque des ateliers parisiens, étaient destinés à passer la frontière. Nous venons de citer parmi les clients de nos orfèvres le roi de Portugal; il faut mentionner aussi le roi de Danemark, l'électeur de Cologne, le roi et la reine de Naples, l'impératrice de Russie, la princesse du Brésil, et le fameux marquis de la Enseñada, dont le service tout en or remplit de sa renommée les journaux du temps et fit courir tout Paris. Durant cette longue période, les cours étrangères regorgèrent d'argenterie française.

Cette haute faveur s'explique, au reste. Ces beaux vases, ces surtouts compliqués et qui défient toute description, ces garnitures de toilette dans lesquelles la verve intarissable des orfèvres faisait intervenir les quatre éléments, les saisons, les mois de l'année et toutes les divinités de l'Olympe; ces candélabres charmants où l'art de contourner le métal est poussé à ses limites extrêmes, ne se recommandaient pas seulement par l'originalité du sujet et l'inattendu de la forme. Une des causes principales de leur incroyable succès résidait dans leur parfaite exécution, et surtout dans l'exquise finesse de leur ciselure.

Cet art précieux, qui joue un rôle si considérable dans l'achèvement de la belle orfèvrerie, avait été amené par les *Édits,* même du règne précédent, à un point de perfection inconnu jusque-là. Empêchés par les lois somptuaires d'achever des guéridons, des torchères, des chenets en argent, les ciseleurs se virent chargés de suppléer par le précieux du travail à la vulgarité de la matière qu'ils étaient obligés de traiter désormais. C'est ainsi que dès la fin du XVIIe siècle il se forma à Paris une école d'artistes émérites qui, au siècle suivant, prêtèrent leur concours aux orfèvres pour l'exécution des magnifiques ouvrages dont nous venons de parler. Plus tard, quand de nouvelles catastrophes eurent amené une troisième refonte générale de l'argenterie, ces mêmes ciseleurs enrichirent l'orfèvrerie plaquée et fourrée, de façons extrêmement soignées, et donnèrent aux

L'ORFÈVRERIE

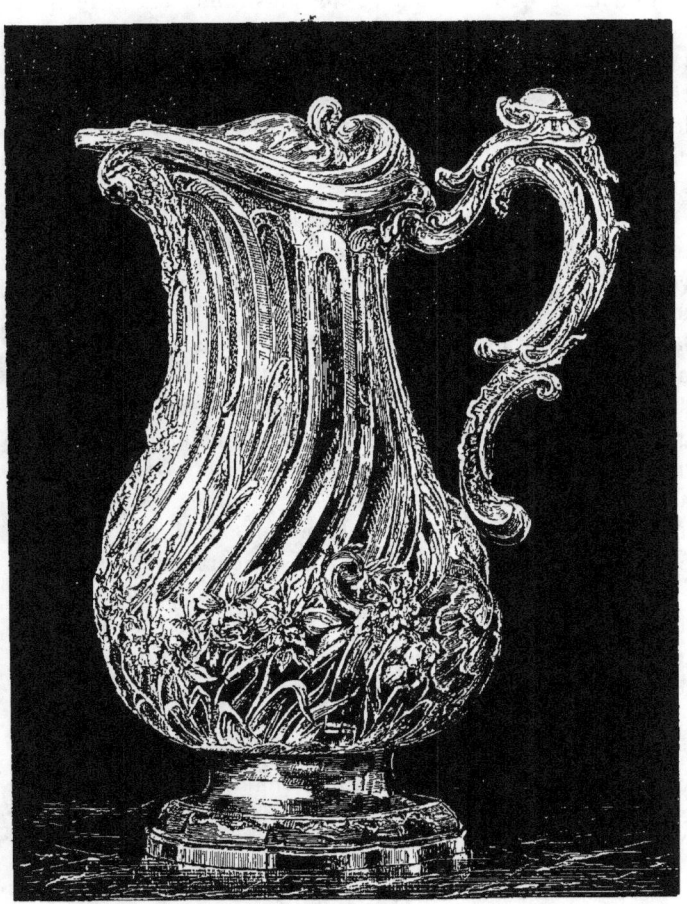

Fig. 120. — Pot à eau en argent repoussé et ciselé, exécuté par François-Thomas Germain (XVIIIe siècle).

montures de bronze doré une finesse, une beauté, une perfection telles, que les amateurs les plus raffinés de ce temps, le duc d'Aumont, M. Randon de Boisset, M. de Jullienne, la duchesse de Mazarin, la reine Marie-Antoinette, n'hésitèrent pas à leur ouvrir les portes de leurs cabinets, et à les ranger au nombre de leurs curiosités les plus précieuses.

C'est en 1759 que Louis XV, se conformant aux déplorables exemples de son illustre aïeul, envoya l'argenterie royale à la Monnaie, et fit à son tour appel à la générosité de ses sujets. Cette refonte générale amena, une fois encore, la disparition d'une quantité de chefs-d'œuvre et réduisit à un bien petit nombre de spécimens toute cette orfèvrerie si originalement déséquilibrée et si curieusement baroque, qui avait demandé tant d'ingéniosité à composer et tant de talent à embellir. Un brusque revirement dans le goût acheva de la faire disparaître, car à toutes les époques, ainsi que le remarque fort judicieusement M. Labarte, le culte destructeur de la mode a, plus encore que toutes les misères, provoqué l'anéantissement des beaux objets en métal précieux. Mercier, témoin de la capricieuse inconstance de ce temps, s'écriait : « Faut-il donc que l'on refonde tous les ans son argenterie ? »

Et, en effet, lorsque, après cette nouvelle secousse, on se reprit à fabriquer de la vaisselle pour la cour et pour la ville, le goût avait brusquement changé. Grimm constatait en 1763 qu'aux contours « arbitraires bizarres et absurdes » on avait substitué partout la recherche des formes « belles, nobles, agréables ». « Tout se fait aujourd'hui à la grecque, » écrivait-il. Cette transformation radicale, stimulée par un engouement encore plus vif peut-être que celui dont la période précédente avait été férue, amena la production d'une argenterie offrant un caractère tout à fait différent, dans laquelle les réminiscences classiques pré-

L'ORFÈVRERIE 161

tendaient jouer un rôle prépondérant, alors que l'admirable main-d'œuvre dont nous parlions à l'instant gratifiait les

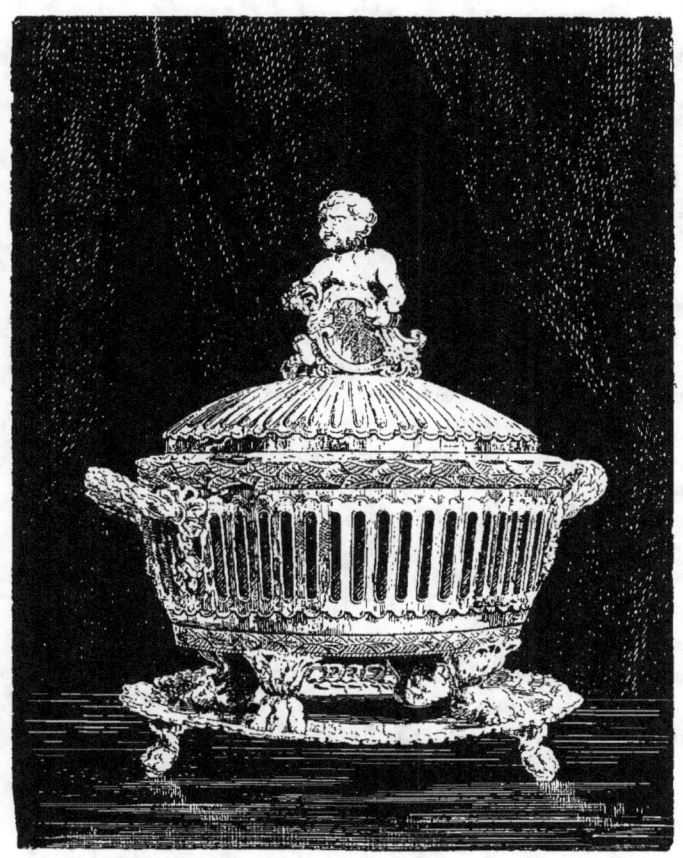

Fig. 121. — Soupière en argent (style Louis XVI).

ouvrages les plus vastes d'un fini, d'un précieux, qui contrastaient avec leur importance même.

Fait curieux, cette révolution radicale dans le goût n'atténua en aucune façon l'autorité dont nos orfèvres jouissaient au delà de nos frontières. C'est à ces vaillants artistes que toutes les cours européennes continuèrent de s'adresser. Fayolle, de la Fresnaye et Auber, auquel on demanda les cadeaux de mariage du dauphin et du comte d'Artois, comptèrent avec François Germain parmi les fournisseurs de Catherine II. Ménière confectionna les présents d'argenterie offerts au sultan. Auguste fut chargé d'exécuter la toilette de l'infante de Portugal, et la foule se pressa pendant tout un mois chez Boullier afin d'admirer le service de table en argent qu'il venait d'achever pour « une cour étrangère ».

Ainsi, jusqu'à la veille de la Révolution, les orfèvres parisiens demeurèrent les fournisseurs des princes et des rois, les pourvoyeurs de l'aristocratie européenne. Non pas que les fournitures d'orfèvrerie eussent continué à revêtir l'ampleur et la débordante magnificence qu'elles présentaient au siècle précédent. Il ne s'agissait plus, à cette époque, de brancards, de caisses d'orangers, de guéridons ni de torchères. Les modèles dessinés par Lalonde, par de Lafosse, par Pineau, par Babel, dont s'inspirèrent les orfèvres pendant les dernières années de l'ancien régime, ne nous montrent, en fait de grandes pièces, que quelques surtouts, des soupières et des pots à oille. Mais le dessin de tous ces objets est d'une élégance ingénieuse, raffinée, et leurs formes toujours gracieuses, que complète et souligne une ciselure extrêmement poussée, expliquent la vogue qui demeura fidèle aux orfèvres français.

C'est, en effet, par le précieux du travail que se recommandent les grandes orfèvreries de ce temps, et aussi la quantité de boîtes, de tabatières, de trousses, d'encriers, de chaînes, de cachets, de breloques, de pommes de canne et autres menus objets coquets, gracieux, gentils et délicats, — mignonnes futilités qui, par une de ces contradictions

L'ORFÈVRERIE

étranges dont l'humanité est coutumière, furent la passion de cette génération troublée, en parturition de la plus terrible révolution qu'on ait jamais vue. — Il est inutile, croyons-nous, de rappeler que la plupart de ces jolis ouvrages disparurent à leur tour dans la grande tourmente où s'engloutirent les institutions qui pendant plus de huit siècles avaient gouverné notre pays. Quand les ateliers se rouvrirent et qu'on se reprit à travailler les métaux précieux, le même phénomène qu'on avait pu constater quarante années plus tôt ne manqua pas de se reproduire. Le goût, une fois de plus, avait changé, et l'Empire avait substitué sa froideur un peu sèche, sa raideur un peu grêle, aux formes plus souples et à l'ornementation plus grasse et mieux ordonnée du régime précédent.

Seule l'extrême habileté des ciseleurs survécut à ce naufrage général. C'est elle qui continua de donner à l'argenterie une relative valeur d'art. A ce moment, en effet, la fantaisie était enrégimentée et le caprice banni.

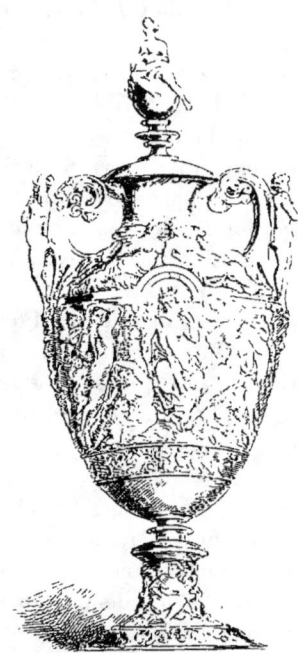

Fig. 122. — Le vase de *la Paix*, ciselé par Vechte.

David, devenu le grand inspirateur du temps, avait imposé à l'ameublement une livrée froide et guindée, dont les éléments décoratifs étaient empruntés à l'antiquité classique. Percier et Fontaine, ses deux prophètes, dessinateurs érudits, décorateurs ingénieux, capables de construire et d'orner les plus vastes palais, et de tracer du même crayon un modèle de soupière ou de candélabre, Percier et Fontaine peuplèrent le monde de projets de toutes sortes. L'orfèvrerie ne leur fut point étrangère, et ses plus célèbres interprètes, Auguste fils, Odiot père, Thomire et Biennais, loin de manifester la moindre tentative d'indépendance, appliquèrent tout leur zèle et le talent de leurs ciseleurs à rendre ce que le style nouveau avait de régulier et de sec. Jamais conscience plus absolue ne fut mise au service d'un art plus glacialement irréprochable. Enfin, c'est de ce temps que date l'adaptation de la molette et du balancier à la décoration de la vaisselle. L'incessante répétition des mêmes motifs, de feuilles d'eau, de perles, de palmettes, amena fatalement l'emploi de moyens économiques, reproduisant cette ornementation courante avec plus de régularité encore que la main.

Puis, par une de ces fluctuations du goût, par un de ces revirements soudains dont nous avons constaté la réapparition en quelque sorte régulière, la fantaisie reprit une fois de plus son empire. Le *style classique*, dans l'orfèvrerie comme dans les autres arts, fit place au *style romantique*, qui, rompant brusquement avec les traditions impériales, tenta un retour vers le passé et prétendit s'abreuver à des sources purement nationales. Le moyen âge et la Renaissance, mal connus, insuffisamment étudiés et peu compris, furent les inspirateurs de cette période. « C'est sur les avis de Chenavard, écrit M. Falize fils, que Fauconnier tenta ses premiers essais de style Renaissance. » Froment-Meurice remonta plus loin dans le passé, et le grand succès de *Notre-Dame de Paris* lui permit de composer une quantité de bijoux gothiques. Tous, au surplus, ardents et passionnés pour leur art, rivalisèrent de zèle et d'entrain, faisant appel aux statuaires les plus expérimentés pour donner à leurs productions un caractère d'art véritable. C'est chez Fauconnier que Barye enfanta ses premiers chefs-d'œuvre; Wagner employa Liennard, Ganneron et Geoffroy de Chau-

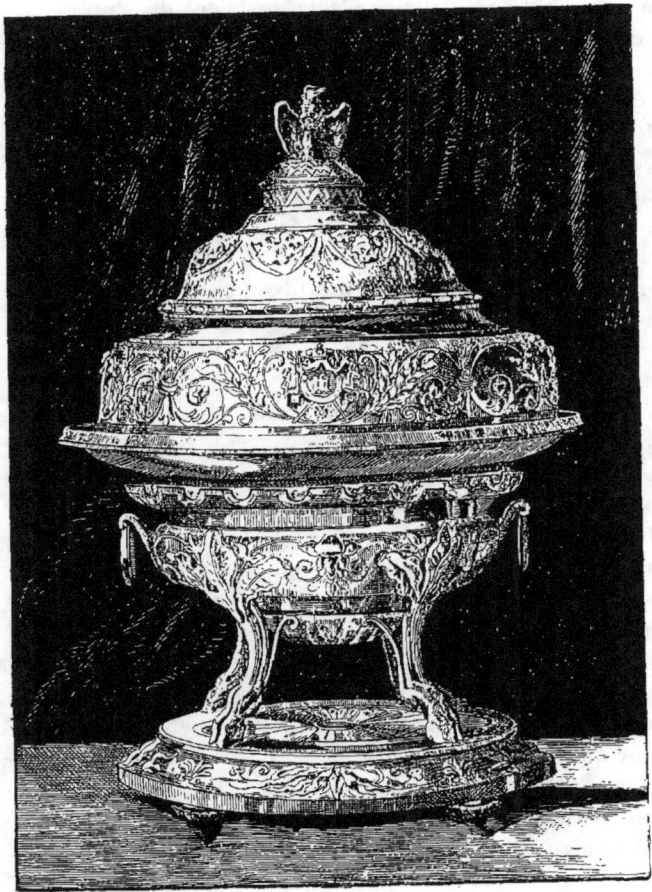

Fig. 123. — Plat couvert et réchaud en cuivre ciselé et argenté, provenant du grand service de Napoléon III, composé par Gilbert et exécuté par la maison Christofle.

mes; Duponchel demanda des maquettes à Justin et à Névilé, et Froment-Meurice s'aida du talent de Pradier, de Cavelier, de Préault et de Schœnwerk. De pareilles collaborations ne pouvaient manquer de produire des ouvrages méritants. Tous, assurément, ne furent pas irréprochables, et parfois leur ardeur irréfléchie entraîna ces généreux artistes à de singulières exagérations; mais on ne peut leur refuser beaucoup d'audace, une large indépendance et un véritable esprit d'invention. Or ce sont là des qualités qui doivent nous sembler d'autant plus estimables, que depuis lors elles sont devenues presque rares.

C'est, en effet, en s'inspirant — suivant leurs besoins — de la Renaissance, du XVIIe et du XVIIIe siècle; c'est en se pénétrant du style de ces époques bien comprises, étudiées avec un soin et une compétence rares, que nos artistes sont parvenus à soutenir, depuis quarante ans, la vieille renommée de l'orfèvrerie française. Les belles restitutions que certains d'entre eux ont effectuées d'ouvrages qualifiés inimitables, ont clairement démontré que la main-d'œuvre est redevenue, en notre temps, aussi parfaite qu'à aucun autre moment de notre histoire. En outre, s'aidant, comme leurs prédécesseurs, du concours des plus habiles statuaires, nos orfèvres ont mis au jour une suite de grandes pièces qui répondent trop à nos préoccupations courantes pour qu'il ne semble pas difficile de les juger au point de vue du goût, mais dont la supériorité comme exécution ne nous paraît pas discutable.

Le magnifique surtout composé par Barye pour le duc d'Orléans, le fameux service de Napoléon III modelé par Gilbert pour la maison Christofle, et qui comptait plus de cent modèles variés; le service du duc de Santonia exécuté par cette même maison avec le concours de MM. Mathurin Moreau, Hiolle, Gautherin et Lafrance; les prix de course commandés par MM. Odiot et Froment-Meurice à

MM. Carlier et Récipon ; ceux qui portèrent si haut la réputation des frères Fannière, les milieux de table ainsi que les délicieuses salières, modelés, fondus et ciselés par ces derniers artistes ; la suite de curieuses et charmantes plaquettes exécutées par M. Falize fils pour le comte de Béarn ; la jolie nef modelée par M. Chapu et le grand vase dessiné par M. Sédille qu'exposait en 1889 M. Froment-Meurice ; tous ces beaux, tous ces magnifiques ouvrages montrent que notre époque continue de suivre les glorieuses traditions auxquelles, depuis le moyen âge, l'orfèvrerie française est demeurée fidèle.

Le seul reproche qu'on ait pu lui adresser en ces dernières années, c'est de manquer d'originalité. Mais c'est là une qualité dont les contemporains sont toujours mauvais juges. Encore faut-il reconnaître que depuis vingt ans, par de nouveaux et curieux procédés, par l'emploi du martelage notamment, par l'application de dorures partielles et légères, par l'invention de certaines patines, on a essayé, en modifiant l'aspect de l'épiderme du métal, de sortir des sentiers battus.

Pour que l'émancipation fût complète, il faudrait qu'un certain nombre d'esprits judicieux se rendissent un compte suffisamment exact du rôle que l'orfèvrerie doit jouer, des conditions de stabilité et de forme que ses productions comportent, de l'importance et du caractère qui conviennent à sa décoration. Alors on pourrait espérer de voir se produire des œuvres à la fois raisonnées et gracieuses. Le dessinateur, émancipé des formules antérieures auxquelles il s'efforce un peu trop de demeurer fidèle, pourrait donner libre cours à son imagination, et le public, juge en dernier ressort des conditions de beauté auxquelles l'argenterie doit satisfaire, serait moins tenté de s'en référer constamment à des modèles consacrés par le temps.

Des établissements nombreux ont été créés, dans ces

dernières années, avec l'intention de remédier à ce défaut d'originalité qu'on nous reproche si fort. Indépendamment de l'*École nationale des arts décoratifs*, qui fournit à nos orfèvres un nombre assez considérable de dessinateurs habiles, une autre école plus spéciale et non moins féconde a été fondée par la *Chambre syndicale*, où des professeurs expérimentés enseignent à des jeunes gens choisis, le modelage, le dessin et toutes les connaissances indispensables à la pratique de l'orfèvrerie. Une de nos plus importantes maisons a en outre établi un pensionnat, dans lequel vingt-quatre apprentis reçoivent une instruction générale et professionnelle de premier ordre. Enfin des publications extrêmement soignées ont été éditées avec luxe pour généraliser la connaissance de ce bel art, et c'est beaucoup pour atteindre ce but que nous avons écrit ce petit livre.

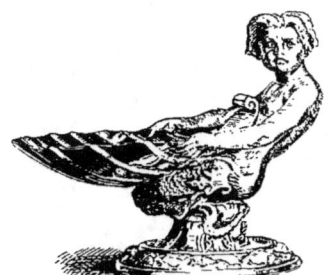

Fig. 124. — Petite salière en argent fondu et ciselé, composée par MM. Fannière frères.

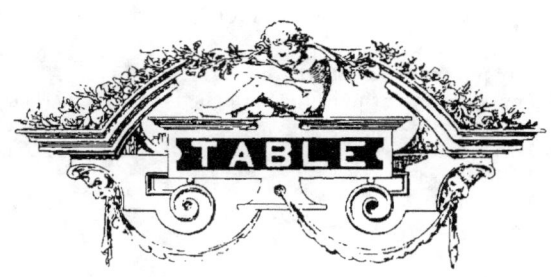

PREMIÈRE PARTIE

I.	— Définition de l'orfèvrerie; l'or et son emploi............	3
II.	— L'argent. — Alliages divers. — Aloi du métal employé par les orfèvres..................................	9
III.	— Différentes manières de travailler l'or et l'argent. — La prise dans la masse et dans la pièce. — La fonte.....	15
IV.	— Des différentes sortes de ciselure sur fondu. — Les outils du ciseleur.................................	23
V.	— Du travail au marteau et des avantages qu'il présente.	29
VI.	— Les procédés économiques et rapides de fabrication. — Division des pièces en fragments séparés et réunion de ces fragments par la soudure....................	37
VII.	— Le coquillé. — L'emboutissage et l'estampage au mouton..	48
VIII.	— L'emboutissage et l'estampage au balancier...........	53
IX.	— La fabrication de la vaisselle au tour................	60
X.	— Des emplois pour lesquels les métaux précieux sont plus spécialement réservés, et des règles que doivent observer les orfèvres dans le choix et la disposition des formes à donner à leurs ouvrages................	69
XI.	— De la décoration des pièces d'orfèvrerie, et de quelques règles à observer dans l'ornementation de ces ouvrages..	86
XII.	— L'achèvement des pièces d'orfèvrerie. — La reprise au ciselet. — La recingle. — Le guillochage. — Le polissage et le brunissage. — Le poli gras...............	94

DEUXIÈME PARTIE

I. — Antiquité et période barbare....................................	105
II. — Les temps mérovingiens et carlovingiens. — La période romano-byzantine...............................	113
III. — La période ogivale..................................	124
IV. — La Renaissance.....................................	136
V. — Le XVIIe siècle.....................................	145
VI. — Le XVIIIe et le XIXe siècle.............................	155

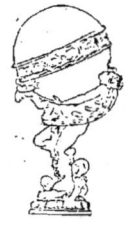